GUSTAVE HALLER

LE SALON

DIX ANS DE PEINTURE

TOME PREMIER

PARIS

CALMANN-LÉVY ÉDITEURS

3, RUE AUBER, 3

1902

LE SALON

DIX ANS DE PEINTURE

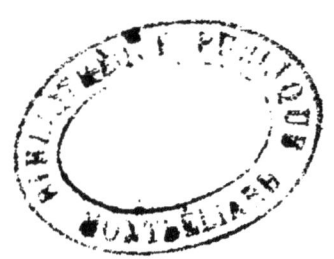

CALMANN-LÉVY, ÉDITEURS

GUSTAVE HALLER

LE SALON

DIX ANS DE PEINTURE

TOME PREMIER

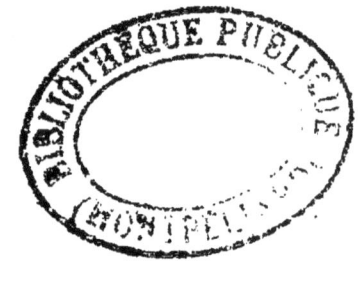

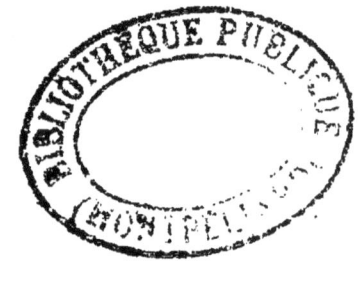

PARIS

CALMANN-LÉVY ÉDITEURS

3, RUE AUBER, 3

1902

ENVOI

« L'applaudissement des foules
est l'aliment du génie. »

Tous les peuples du monde sont fiers de leurs
artistes dont ils conservent les œuvres comme de
saintes reliques. Lorsqu'on passe dans leur
pays, ils vous montrent avec orgueil ces précieux trésors de leur patriotisme.

En France, le pays le plus fertile en art, c'est
absolument le contraire. Pour arriver à la
gloire, les malheureux artistes sont obligés de
franchir tous les obstacles que, chez eux,
on multiplie sous leurs pas. Parviennent-ils
même à la renommée, à illustrer leur nom de
Français d'un bout du monde à l'autre ? Il y
aura toujours, jusqu'à leur mort et même après,
des Français pour les lapider de loin, et les
piquer de près par des milliers d'aiguilles.

D'où vient cette anomalie? De la critique.
Non de celle du domaine élevé où les hommes,
arrivés à une certaine supériorité, gardent le
respect d'eux-mêmes et des autres; mais de la
critique nerveuse, surmenée, blasée, qui ne
songe ni à la sincérité, ni aux efforts, ni au tra-
vail consciencieux des pauvres artistes, et ne se
doute pas du mal qu'elle fait. Quoi de plus cruel
que d'attaquer celui qui ne peut se défendre?
Car le peintre, objet d'une critique, a toujours
mauvaise grâce à la réfuter. C'est un accusé qui
doit rester muet, quelle que soit l'injustice de
l'attaque. Aussi, que de découragement, de dou-
leur, de désespoir parfois, cachés dans ces
lignes jetées à la légère, aussitôt oubliées
qu'écrites, mais dont l'artiste garde toujours le
cuisant souvenir!

L'Exposition des Beaux-Arts, sorte de fête
nationale, est pour certains critiques un champ
ouvert à toutes les malveillances. Ils se précipi-
tent au Salon comme des terriers pourchassant
des rats.

Les étrangers seuls sont épargnés. On les
prend pour taper sur les autres. Ils en profitent,
mais restent stupéfaits au spectacle de cette
triste curée entre Français.

Depuis plus de quatre siècles que l'imprimerie existe, le prestige de la Presse n'a cessé de grandir. Dans ces derniers temps, il s'est répandu follement dans le peuple. On ne croit plus en Dieu, mais on croit à son journal.

Un homme sérieux, expérimenté dit une chose, l'écrit : on n'y ajoute pas foi sans réserve. Qu'on lise quoi que ce soit d'imprimé, on y croit fermement. C'est une superstition qui n'a pas encore fait son temps.

La réaction commence, mais nous sommes malheureusement encore loin des Américains qui disent : « C'est dans les journaux, donc ce n'est pas vrai. » Le journalisme mourra par la réclame, s'enterrera par le mensonge, en attendant qu'il revive par la seule VÉRITÉ.

Pour le moment, quand il s'agit d'art, il faut que le public se dise bien qu'il est le seul, le meilleur juge. Il voit, il connaît la nature et l'humanité que ces arts représentent. Il éprouve les sentiments, ressent les passions que l'artiste s'efforce de rendre. Il peut donc, mieux qu'un critique blasé ou prévenu, voir si c'est bien la réalité qu'on met devant ses yeux.

L'art n'est pas fait seulement pour une petite

poignée d'individus qui prétendent s'y connaître : il est fait pour TOUS.

Florence, en son beau temps, ne consultait pas la critique. C'était la foule qui jugeait, c'était Tout-le-monde qui décidait de la valeur d'une œuvre. Ce juge-là ne se trompait jamais.

C'est pour en appeler à ce juge suprême que nous nous sommes lancé dans la critique, nous efforçant d'en augmenter l'étendue. Les articles que nous réunissons sur les œuvres produites en peinture pendant ces dix dernières années, parurent sous la signature TORPEDO et sous différents pseudonymes dans le Voltaire, l'Événement, le Pays, l'Estafette, le Paris, le Jour, la Nouvelle Revue internationale. Des fragments en ont été pris pour le livre que nous avons publié : Nos grands Peintres. Nos articles ont été répétés par beaucoup d'autres journaux de second et de troisième ordre, soit à Paris, soit en province.

Les œuvres dont nous parlons ont été presque toutes vues par nous longtemps avant leur départ pour le Salon. Il n'est pas un grand artiste qui n'ait consenti à nous ouvrir sa porte avec la meilleure grâce du monde, à nous montrer ses tableaux, à nous en raconter *la genèse. Car ces œuvres ont une vie intime, attachée au sanctuaire où elles sont nées. Elles parlent, disent naïvement ce que le peintre a voulu, pendant que lui, souvent, se demande s'il sera compris.*

Nous avons tenu à faire partager à des lecteurs délicats, par nos articles : le Salon avant la lettre, cette exquise sensation de la première et très vive impression. Nous avons voulu prendre le public par le sentiment et, peut-être un peu, par la curiosité.

Quand, au théâtre, on attend le lever du rideau, une main entrevue dans le manteau d'Arlequin, un petit pied aperçu sous la toile, excitent notre curiosité plus que le spectacle qui va se dévoiler, complet, un instant plus tard. N'en est-il pas de même quand on se faufile dans les coulisses des ateliers, avant le départ des tableaux pour le Palais?

Quoi de plus délicieux que de découvrir, comme dans un mirage, avant leur apparition réelle au Salon, ces créations encore inconnues, toutes chaudes du souffle chercheur et inquiet de l'artiste qui les tient serrées sous ses pinceaux? On les a déjà vues par l'esprit, quand elles se présentent officiellement au grand jour. On les

reconnaît, des liens invisibles unissent déjà l'ins-
piration de l'artiste à la sympathie du public, et
s'il y a entre ce public et l'artiste des affinités,
ce sont deux amis qui se rencontrent.

Notre voix a donc toujours été la première
qui s'est fait entendre. Nos Avant-Salon ont
précédé les envois, nos articles sur le vernissage
ont toujours paru les premiers[1]. *Une fois le*
Salon grand ouvert, nous avons continué nos
études à loisir.

---

1. Les articles intitulés : *le Salon avant la lettre, le Salon
avant le vernissage,* décrivant les œuvres des membres de
l'Institut et celles des meilleurs peintres, 40 à 90 tableaux, parurent en mars et avril de 1894 à 1897.

Des suppléments-guides aux plus belles œuvres, parurent successivement dans les journaux : *le Pays, l'Estafettte,
Paris, le Jour.* En 1895, le supplément, rendant compte de
450 œuvres dont 245 tableaux, fut tiré à 50.000 exemplaires,
adressé avant le vernissage à toutes les personnalités impor-
tantes du Tout-Paris, et vendu aux portes du Palais. La recette du vernissage, cette année-là, atteignit près de 29.000 fr.
chiffre qu'on n'avait jamais vu, et qu'on ne revit plus.

En 1896, encouragé par M. Detaille, alors président de la
Société des Artistes français, nous avons donné plus d'extension encore à cette publication pour en essayer l'effet. Le sup-
plément-guide, relatant 359 œuvres dont 232 tableaux, fut tra-
duit en anglais, vendu à la porte du Palais, mis gratuitement
à l'intérieur à la disposition des étrangers, et envoyé en Amérique, en Angleterre et à Paris dans les principaux hôtels.
100.000 exemplaires, dont 50.000 en anglais furent ainsi distribués. La recette de cette année-là, monta de 40.033 francs.

La bienveillance, dont le public n'a cessé de nous favoriser nous force à penser que nous l'avons un peu conquis, et nous voulons croire que ses bonnes dispositions n'ont pas été sans effet sur la Presse. La critique paraît vouloir s'amender et comprendre qu'il n'est vraiment pas logique qu'elle se montre toujours l'ennemie déclarée des artistes, sauf en faveur de quelques amicales exceptions.

Les grands daignent remarquer plus de tableaux que d'ordinaire, ce qui leur donne beaucoup de peine. Les moyens font un travail de visu *salle par salle. Pour les petits, il en est, hypocondres peu dangereux, qu'une crise d'aboiement prend chaque année à l'époque du Salon. Mais il en est d'autres dont les articles très développés sont consciencieux et pleins d'intérêt. Enfin la Presse se montre plus attentive, moins absolue, et semble respecter, plus que par le passé, l'art et le public qu'il charme.*

Si nous rappelons ce fait, ce n'est pas pour établir la prétention d'avoir contribué à l'élévation des recettes, mais pour signaler à la Société des Artistes français la nécessité d'attirer l'attention du public sur le Salon, maintenant surtout que, précédé par l'ouverture de l'Exposition nationale, entamé par l'inauguration présidentielle, il se trouve sérieusement débordé.

Si ce n'est pas une erreur, nous avons atteint notre but.

Quant à vous, chers artistes, ce livre vous appartient. Nous y avons réuni toutes nos études, d'abord pour rappeler vos œuvres à ceux qui voudront bien l'ouvrir, ensuite pour vous les rappeler à vous-mêmes qui déjà les avez peut-être oubliées.

Et pourtant vous avez laissé dans ces toiles le meilleur de vous-même, la pensée qui survit, l'esprit qui demeure, l'impérissable manifestation du « moi » qui reste, quand nous, nous disparaissons.

Vous êtes dans ces œuvres, que va remettre sous vos yeux ce modeste livre, inspiré par une grande sympathie pour les luttes, les chagrins, les légitimes ambitions qui déchirent votre vie. Si nous avons pu fixer un peu par des mots vos inspirations, vos émotions, comme vous avez, par votre art, fixé dans vos œuvres les impressions que vous receviez de la nature, vous vous sentirez, en lisant ces pages où votre nom est écrit, vivre au présent comme au passé.

Ouvrez-le donc ce livre en vos moments de

repos ou de tristesse. Vous trouverez, nous l'espérons, dans ces souvenirs, consolation pour les ennuis présents, force et courage pour l'avenir.

C'est le vœu de votre ami

GUSTAVE HALLER.

ORIGINE DU SALON

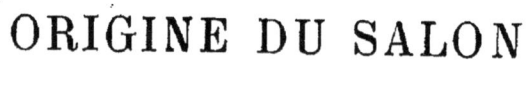

ORIGINE DU SALON

Ce fut le 9 avril 1667, à l'hôtel Richelieu, dans la galerie du Palais–Royal où se trouve aujourd'hui la Comédie-Française, que s'ouvrit la première Exposition des Beaux-Arts.

Il avait été arrêté, à la fondation de l'Académie de peinture et de sculpture, que ses membres exposeraient chaque année, dans la salle des séances, leurs travaux et ceux de leurs élèves. Mais, distraits sans doute par les obstacles que rencontraient leurs débuts, les artistes ne songèrent pas à remplir l'engagement pris, et, pendant vingt ans, il n'en fut plus question. Le silence s'était fait là-dessus, lorsque Colbert intervint et rappela les académiciens à l'observation de leurs statuts.

Il fit lui-même le règlement de ces solennités

artistiques [1], et décida qu'elles n'auraient lieu que tous les deux ans pour donner le temps aux académiciens de produire de nouvelles œuvres.

C'est donc à Colbert que nous devons la fondation des Expositions.

Ces Expositions se succédèrent d'abord régulièrement, à l'hôtel Richelieu, de deux ans en deux ans.

En 1673, Perrault, l'auteur des *Contes des fées*, fit paraître le premier livret. Le nombre des œuvres ne dépassait pas beaucoup la centaine, les membres de l'Académie de peinture, de sculpture, et leurs meilleurs élèves ayant seuls le droit de convier officiellement le public à juger leurs œuvres.

C'était le temps des rois et de leur prestige. C'était le siècle de Louis XIV, roi du peuple, roi des arts, époque féconde en grands hommes de toutes sortes.

La gloire était plus commune que l'argent. En 1677 l'Exposition n'eut pas lieu, l'Académie ne put en faire les frais. Elle se saigna pour rouvrir ses portes en 1681 et en 1683, mais dut s'arrêter. Ses ressources étaient insuffisantes. Elle subissait

---

1. Lettre du 9 janvier 1666.

déplacement sur déplacement ; il lui manquait un local convenable.

Ce fut seulement en 1699 que le grand roi leva toute difficulté en autorisant peintres et sculpteurs à exposer dans la grande galerie du Louvre.

La cérémonie fut magnifique. Les portes s'ouvrirent le jour de la Saint-Louis, fête du roi. La galerie était superbement décorée. A l'entrée, dans la salle du trône, un grand dais de velours vert abritait les portraits du roi et du dauphin. Le garde-meuble de la Couronne avait prêté les tapisseries des Actes des Apôtres, faites sur les dessins de Raphaël. Les académiciens envoyèrent 162 tableaux.

Pourtant cette solennité artistique n'eut pas de lendemain. A part l'année 1704 où l'Exposition s'ouvrit comme à l'ordinaire, les contemporains de Louis XIV n'assistèrent plus à ces fêtes de l'art. On ne les revit que sous Louis XV, et seulement en 1737.

Cette année-là, les travaux des académiciens prirent place au Grand SALON carré du Louvre qu'ils devaient occuper jusqu'à la Révolution.

Le public s'empressa d'en aller voir les tableaux. Et, comme la langue française est avide de clarté

et de simplicité, on prit l'habitude de dire tout
uniment : « Allons au Salon ! ».

Le mot devait faire fortune et suivre l'Exposition de peinture et de sculpture à travers deux
siècles, dans les locaux les plus divers et les
moins « Salon » du monde.

C'est au Salon, puisque Salon il y a, que nous
devons l'extension que l'art français a prise sur
toutes les parties du globe. Cependant, et chose
bizarre ! plus nous avançons dans la voie républi-
caine, — dont le nom même signifie la *cause publi-*
que, c'est-à-dire égalité des droits de tous, — plus
les efforts de certains artistes occupant de hautes
situations cherchent, sous prétexte de substituer la
qualité à la quantité, à restreindre, au bénéfice de
quelques-uns, cette possibilité de gloire qui doit
rester ouverte à tous.

Ils font sonner à grands coups de cloche, aux
oreilles de ceux qu'ils veulent repousser du sanctuaire, le nombre effrayant des artistes réclamant
une place : « Il y a trop de peintres, » disent-ils,
« beaucoup n'ont pas assez de talent, d'autres
meurent de faim avec du talent. »

« L'impossibilité matérielle de se produire peut

seule arrêter le courant qui porte trop vers la peinture. Opposons-lui une infranchissable barrière.
Restreignons la place. Les tableaux qui dépasse-
ront le nombre fixé pour les admissions seront
éliminés sans rémission. Les artistes seront bien
forcés de s'abstenir et nous éviterons ainsi l'en-
combrement. »

Par malheur pour la logique de ce raisonnement,
les chiffres, arguments irréfutables, lui donnent
un démenti formel. Qu'il nous soit donc permis
de leur répondre par des chiffres incontestables.

La production artistique ne dépend pas du caprice d'un règlement d'exclusivistes. Elle évolue
comme tout au monde. Elle suit le progrès. Lui
opposer une digue est impossible, car elle s'accroît
avec la population.

De 1800 à 1836, le nombre des tableaux, dessins, cartons exposés représentait une moyenne de
1,216 par année. De 1836 à 1881, la population
parisienne s'accrut de 1,359,897 habitants et la
moyenne des toiles de 2,324, soit d'un tableau
par 585 habitants.

Aujourd'hui, la population s'est encore aug-
mentée. Paris compte 2,600,000 habitants.

Les artistes auraient donc droit à 600 tableaux
de plus, c'est-à-dire à 4,140, en ne comptant qu'un

seul tableau par 585 habitants, ce qui n'est pourtant pas trop.

Il faut le remarquer, nous ne tenons ici aucun compte des avalanches de provinciaux et d'étrangers dont les nouveaux modes de locomotion ont inondé nos expositions, et dont le nombre va toujours croissant. Nos Salons, puisqu'ils admettent des étrangers, sont des Expositions universelles, ce qui devrait exiger l'augmentation et non la restriction du nombre des admissions.

Que dirait-on d'un père de famille qui, ayant quatre enfants, après n'en avoir eu que deux, n'augmenterait pas la nourriture qu'il donnait aux deux premiers, et inviterait par surcroît les voisins à venir partager les repas?

C'est pourtant exactement ce que font les Français dans les règlements de leur Salon.

Il en est de même pour les récompenses devenues tout-à-fait insuffisantes, étant donné le nombre des artistes méritants; mais on persiste à n'en pas augmenter le nombre.

Et, comme si ce n'était pas assez de cette parcimonie, les jurys accablent les étrangers de mentions, de médailles et de prix, au point que, dans l'attribution des récompenses, le nombre des artistes étrangers excède de plus du quart celui des artistes français. Ils sont, en 1901, 1776 contre 1244. Il faut avouer que c'est pousser un peu loin le sacrifice du patriotisme au préjudice des intérêts de l'art dans la Mère Patrie.

Aujourd'hui déjà, beaucoup de jeunes artistes de valeur sont découragés et n'abordent plus le Salon où tant de barrières se dressent contre eux.

Les peintres français qui, par les récompenses obtenues, ont le droit d'exposer sans passer devant le jury sont 499 : les étrangers jouissant du même privilège, 302. Ces *hors concours* ayant chacun droit à deux toiles, ils suffiraient à faire les 1,600 numéros du Salon. Veut-on nous dire ce qui resterait pour les autres ?

Quand les jurys recevaient trois ou quatre mille tableaux, le Salon faisait des recettes magnifiques, et c'était parfaitement logique. Le chiffre des entrées monte avec celui des toiles, ainsi que le nombre des belles œuvres.

Espérons donc que les récentes mesures qui restreignent du quart le nombre des œuvres exposées n'auront pas de suite dans l'intérêt de l'art.

SALON DE 1892

SALON DE 1892

Lequel ? dites-vous déjà. Celui des Champs-
Élysées ou celui du Champ-de-Mars ? Car il vous
est permis d'ignorer le secret des transfuges, qui,
Meissonnier en tête, s'en furent au palais du
Champ-de-Mars, superbe asile, encore tout chaud
des triomphes de la grande Exposition de 1889.
C'est là que se trouvent maintenant tous ceux à
qui la Société des Artistes français n'a pu donner
le bonheur.

Mais, pour avoir perdu plusieurs des siens, parmi lesquels se trouvent quelques hommes de talent,
la Société n'en est pas moins restée « une », et
elle seule a le droit légal de s'appeler « Salon ».
Malgré les camelots qui criaient à tu-tête à la
porte de l'Exposition du Champ-de-Mars : « Demandez le catalogue du Salon ! », il n'y a qu'un
Salon, celui des Champs-Elysées. Au reste, les
membres de la Société dissidente ne réclament
nullement ce nom. Ils se contentent du leur, le

beau nom de « Société nationale » qu'ils ont choisi. Tout est au mieux dans leur large palais, et il est probable, il est à souhaiter, qu'ils s'appliqueront toujours cet axiome : « Où je suis bien, je demeure ».

•

Par le temps, ou plutôt par le siècle qui court à sa fin, il semble que l'on n'ait pas les hypocondres sains ou que les facultés de bonheur s'engourdissent en nous. On devient morose, maussade : on n'est content de rien. L'ouverture du Salon, cette grande fête de l'art, n'est plus un véritable plaisir que pour les artistes. Les cris joyeux, poussés chez Ledoyen, ne retentissent guère que sous ses ombrages.

Le monde doré voit moins une jouissance, dans cette solennité, que la nécessité de se montrer beaucoup et de regarder un peu. Le monde à plume n'y voit pas une récréation, mais l'occasion d'un travail surmenant, qui excite sa rétine et irrite ses nerfs. Quand ceux-là, après s'être promenés, superbes, indifférents, sans voir grand'chose, s'en vont soupirant : « Il n'y a rien d'extraordinaire », ceux-ci, qui ont fouillé, regardé, épluché, se sauvent, les yeux battus, le visage tiré, en criant : « Ouf ! c'est fini. » Arrive ensuite le bourgeois, qui peut payer son entrée, et que la vue de tous ces tableaux distrait ; puis, le peuple qui vient là parce que cela ne coûte rien. Mais où est l'enthousiasme ? Des hommes pratiques osent nous répondre :

« Quel intérêt trouver à des objets que notre fortune ne nous permet pas d'acheter, et que peuvent seuls acquérir les musées de province ou les étrangers ? »

Et l'on passe !...

Cependant les neiges d'hiver sont fondues. La boue, qui s'est faite poussière, s'est envolée dans le vent. A tous les coins de verdure pendent de grosses grappes de lilas, lourdes de parfum. Il ne neige pas « des plumes de tourterelles », mais il neige des pétales de marronnier. Les petites voitures chargées de fleurs embaument les rues ; le ciel est plein d'hirondelles. Le soleil nous prend dans ses caresses tièdes ; il nous entraîne loin du logis, nous faisant rêver à l'inutile de la vie, qui est l'indispensable de l'âme.

Et nous nous acheminons, tout naturellement, vers ce Palais flanqué de verdure que le printemps transforme en temple des Beaux-Arts. Là, des milliers de travailleurs pensants ont apporté leur offrande, le fruit de longues études, tourmentés par la recherche du vrai ou du réel, emportés par l'amour du beau, du grand. L'artiste se donne à son œuvre tout entier. Il y met ses ambitions, ses bonheurs, ses amours, ses rêves, et, quelquefois, sa vie.

Que d'œuvres sont le résumé de toute une existence !

Que d'efforts surhumains, que d'élans suprêmes hors du « moi » se sont amoncelés là ! Pour quoi ?

Pour quoi, public ? pour te plaire, te ravir, faire vibrer en toi toutes les cordes sensibles à ta nature : l'amour, la beauté, la poésie, le patriotisme, et te faire oublier un instant les douleurs d'ici-bas.

Tous, ils ont pris un peu de leur vie, beaucoup d'eux-mêmes, pour ajouter à ta vie, à ton « toi », foule insouciante qui t'en es à peine doutée en passant par là !

ALLÉGORIES

————

Au-dessus des réalités de la vie, rayonnent les symboles éternels de la Religion, de l'Amour: force morale, force physique, bases de l'humanité. A ces symboles s'ajoute la Fable, mythe des civilisations disparues.

C'est dans ce domaine de l'idéal que l'art trouve ses plus hautes inspirations.

De l'union du cerveau qui pense, et de la main qui peint, sous l'inspiration psychologique de l'âme, naissent les œuvres les plus élevées, les plus poétiques. La peinture n'est pas *la vérité,* et il faut qu'elle semble l'être. Illusion, il faut qu'elle paraisse réalité.

Cherchons-la donc d'abord dans les sujets qui sont essentiellement de son domaine : le Rêve, l'Allégorie.

D'où viennent ce froufrou d'ailes et ces soupirs d'enfant ? C'est l'adorable *Guêpier* de M. Bouguereau, éternellement vrai. Pour peu qu'une femme soit jeune et belle, elle est assaillie par des amours de toutes sortes. Celui-ci lui lance sournoisement une flèche; celui-là veut l'entraîner; un autre lui murmure je ne sais quoi tout bas; un autre encore lui baise les pieds... Elle résiste, jusqu'à ce qu'elle ne résiste plus.

Avisant un de ces amours, souvent le plus réservé, elle lui dit : « Défends-moi contre les autres », lui donne la main, et tout est dit. La pomme a été faite pour être mangée, et la femme pour être séduite. D'ailleurs, il est évident que ces amours sont là pour le « bon motif », et les plus séduits, c'est encore nous qui voyons cette merveille. N'importe, dit-on, c'est leste pour un saint... car le peintre est un saint. Ne le savez-vous pas?

On se rappelle cette petite scie d'atelier. Le bon Dieu est fatigué : c'est le septième jour, il veut se reposer et ne recevra personne. Il l'a signifié à saint Pierre. Pourtant, saint Pierre vient d'annoncer quelqu'un

« Qui donc? Je ne reçois personne, répond le bon Dieu agacé. Je vous ai dit que je suis sorti.

Et il se fâche tout rouge.

— Ce monsieur a tant insisté, dit saint Pierre.

— Insisté? Tout le monde insiste.

— Ce n'est pas « tout le monde », ce monsieur-là. Il dit qu'il est parfait!...

— Parfait! s'écrie le bon Dieu; allons, bon! c'est Bouguereau! Qu'il entre! »

La *Fille d'Ève,* délicieuse inspiration peinte
par M. Jules LEFEBVRE, est une belle fille, dans
sa nudité adorable, un vrai poème de chair et
d'amour. Impossible d'unir avec plus de souplesse
les grandes traditions classiques à un exquis sentiment de modernité.

La Fortune s'est endormie près de sa roue. Sa
corne d'abondance est renversée, laissant débor-
der ses trésors sans défense, à l'ombre douce
d'un arbre vert tendre. Le premier venu peut
s'emparer de cette fortune toujours fuyante. Mais
ce premier venu est un aveugle qui passe sans la
voir. Son chien, qui le conduit, tourne seul vers
l'enviée un regard de philosophe indifférent qui
dit : « A quoi bon s'arrêter puisque, sous la
pourpre ou les guenilles, c'est toujours à la mort
que l'on va ? »

Voilà de l'Olivier MERSON et du meilleur. Quand
les pinceaux de cet artiste ne sont pas les humbles
esclaves de la pensée, nous ne le trouvons plus.
M. Olivier Merson, quand il s'y met, c'est quelque chose comme une âme qui peint.

Que de plafonds ! Il y en a à droite, à gauche, au
fond, partout, jusque dans l'escalier. C'est un feu
d'artifice de dessins, de couleurs, de talents, plus
ou moins plafonnant sous les lois impérieuses de la

perspective. Des hommes avec de grands bras, des femmes avec de petites jambes, des géants, des naines, des culs-de-jatte, des architectures détraquées, des trompettes trouées, tout cela danse, les cerfs volent! C'est très beau! Mais plus on examine avec attention ces choses bizarres, plus on croit faire soi-même la culbute, toujours d'après les lois de la perspective. Et, si l'on se permet la moindre réflexion, le chœur des peintres répond : « Ce n'est pas ainsi que cela doit être vu. Vous ne pouvez juger de rien. Il faut qu'un plafond soit un plafond. » Eh bien! de grâce, mettez-les où ils doivent être vus, ces plafonds, et ne torturez plus nos regards par cette acrobatie vertigineuse.

M. Benjamin-Constant ne sacrifie pas trop à ces conventions, et l'art ne s'en trouve pas plus mal. Son plafond pour la salle des fêtes, à l'Hôtel de Ville, se tient très bien, tout en respectant la réalité des proportions.

C'est une œuvre grandiose que *Paris conviant le monde à ses fêtes*. L'élévation de la pensée, le mouvement superbe des figures, tout révèle la main du maître impeccable et inspiré.

C'est aussi pour l'Hôtel de Ville que M. Aimé Morot a retracé *l'Histoire des danses françaises à travers les âges* . Menuet, pavane, gavotte sont personnifiés par des groupes gracieux, d'où la gaieté du costume et du coloris n'exclut pas la fermeté du dessin.

Encore pour l'Hôtel de Ville, *la Muse de l'Architecture* paraît bien sévère et bien calme, drapée dans la tunique verte de M. Tony ROBERT-FLEURY! Mais quelle savante ordonnance dans cette grande figure, destinée au cadre officiel!

Toujours pour l'Hôtel de Ville, M. Gabriel FERRIER symbolise *les Fleurs* sous la forme de femmes séduisantes. La gamme claire et joyeuse de sa palette s'est donné libre essor dans cette belle composition. Essentiellement artiste, ce peintre fait d'imagination, de grâce, de couleurs éblouissantes, ne sacrifie jamais rien à la froide raison : « Charmer avant tout » est sa loi, et comme il y réussit!

Mais baissons la tête, et reprenons notre équilibre pour des allégories plus verticales.

A vous maintenant, monsieur MAIGNAN. Ce n'est pas la première fois que vous voulez la médaille d'honneur. Vos *Cloches* ont déjà sonné le tocsin à toute volée pour la faire venir. Mais on n'a pas entendu de cette oreille-là. Aujourd'hui vous la

méritez, cette médaille tant désirée! L'aurez-vous?
Autre question. La mériter et l'avoir ce serait bien
du bonheur à la fois : vous êtes gourmand! La belle
toile, pourtant, que votre *Carpeaux!* Comme tout
y est majestueux, poétique, groupé sans lour-
deur ! Comme elles volent légèrement et passent
en silence ces images transparentes et pures : les
Idées. Et l'artiste, à qui la mort va bientôt arracher le génie, comme il rêve bien ! Car il n'est pas
mort encore, il rêve..., et tout à l'heure ses yeux
vont se rouvrir sur la misère de l'homme qui ne
peut plus produire et qu'on oublie... Mais ne son-
geons pas à ces choses. Roulez votre toile, monsieur
Maignan. Valenciennes l'attend. Elle est trop fière
de son grand sculpteur, cette ville, pour souffrir
qu'une autre possède le magnifique tribut que vos
pinceaux viennent de payer à la gloire de son fils.
Votre œuvre tient à l'ombre de Carpeaux, et suivra sa renommée dans les âges futurs.

Au bord de la mer, à deux pas de la vague fran-
gée d'argent, des nymphes ou des dryades dansent
gracieuses, inspirant M. R. COLLIN, le maître du
plein air. Ses créations ont un attrait tout particulier : celui qu'on suppose à l'air solidifié en appa-
rences humaines.

M. Henri MARTIN, qui se pose en chef de l'école

des vibreurs, — chacun a ses petites faiblesses,
— est un penseur et un philosophe sérieux. Il a
rajeuni le vieux thème de l'*Homme entre le vice
et la vertu*. Ses vices ne sont guère attrayants, et
sa vertu nous semble assez rébarbative. Alors ?...
N'importe, malgré certaines recherches trop visibles de coloration et d'ordonnance, M. Henri Martin a laissé sur cette toile l'empreinte de son esprit chercheur et de son inspiration poétique.

Quelle est cette *Toile d'araignée* où vient se
prendre l'essaim de jolies femmes groupées par
M. Le Quesne ? L'amour, sans contredit, dont les
fils, plus ténus que la soie, enlacent le cœur d'une
invisible trame. Sujet gracieux, bien traité.

Dans une clairière où les troncs de bouleaux
sèment agréablement leurs taches blanches, au
bord d'une eau paisible où nagent les cygnes,
des jeunes filles rêveuses cueillent des fleurs. *Le
Renouveau*, aux tendresses calmes, inspira cette
belle toile à M. Franc Lamy.

Renouveau dans la nature par le Printemps,
dans l'humanité par la Jeunesse, M. E. Piot, plus
fantaisiste a réuni ces deux images. Il a vu le
Printemps sous la forme d'une jeune fille. C'est

d'une synthèse un peu exclusive ; mais son Printemps a de si beaux yeux et son sourire est si
engageant !

Au sommet verdoyant d'une colline, des nymphes mènent la ronde au son du pipeau rustique
d'un faune. Chevelure au vent, elles tournent à
perdre haleine, à rouler dans l'herbe drue. C'est
la *Jeunesse,* de M. CALBET, destinée au Casino de
Royan.

Mais quel triste spectacle s'offre à nous ! *Cythère,*
vu par M. VOLLET. Des corbeaux se précipitent à
tire-d'aile sur des morts décomposés. Une vieille
femme, bas assise, le dos tourné, semble faire les
honneurs de cet horrible lieu à une jeune et belle
arrivante. Le ciel est charmant, la mer est unie.
Mais à Dieu ne plaise que nous soyons tentés de
nous risquer dans ce pays que les païens disaient
« affriolant ! »

M. KAHN nous entraîne dans un atelier désolé
par la misère. L'artiste, gisant sur son lit, s'est
assoupi. *Un Vampire,* entré par la fenêtre ouverte,
s'accroupit sur le corps du malheureux, et lui en-
fonce ses griffes dans le cœur. Un clair de lune
bien fait, mais très malfaisant, erre sur cette scène
terrifiante.

M. Fritel, lui aussi, nous montre un terrible
spectacle. Entre deux rangées de cadavres nus
chevauche le cortège des grands *Conquérants :*
César, Alexandre, Annibal, Attila, Napoléon. C'est
la sinistre et sombre cavalcade des tueurs d'hommes
qui passe.

HISTOIRE

Jadis le tableau d'histoire était une composition
noblement ordonnée, où le roi, les princes, les personnages célèbres, les grands guerriers se trouvaient seuls en vedette. L'effet du groupement,
la couleur, le parfait dessin, étaient les seules
questions qu'on y dût scrupuleusement respecter.

A notre époque, ce n'est plus assez. Nos peintres, animés par l'ardent souci de la vérité, tiennent à reconstituer exactement comme décor,
mobilier, costume, l'heure passée qu'ils doivent
représenter. Ils veulent l'expression exacte des
physionomies chez les personnages qu'ils évoquent.
Ils interrogent manuscrits, livres, vieilles chroniques, anciens portraits jusqu'à ce qu'ils arrivent
à retrouver hommes et choses dans toute la réalité
disparue. C'est ainsi qu'ils réussissent à peindre les
scènes telles qu'elles ont dû se passer, sans y oublier humbles comparses, hommes du peuple ou
petits soldats qui ont concouru aux événements
importants, ou qui ont arrosé de leur sang les lau-

riers des conquérants. Ce sont des hommes comme
nous que nous avons devant les yeux.

Nous prenons part à leurs joies, à leurs douleurs,
à leurs colères. Nous nous sentons capables d'imiter
leur héroïsme. Nous revivons vraiment le passé.
L'extrême supériorité de nos tableaux historiques
tient à leur imposante vérité.

Ils conspirent, dit M. GÉRÔME. Dans le coin
d'une vaste salle, deux hommes se parlent bas, à
la lueur pâle d'une lampe cachée, pendant qu'un
autre, qui les a quittés, s'éloigne et rencontre, au
moment de sortir, un faible rayon du jour qui se
lève. *Ils conspirent* est un des plus grands succès
du Salon. L'illusion est complète. A la bonne
heure ! Mais il faut être M. Gérôme, pour jongler
ainsi avec une lampe et le soleil

Mais quel est ce bruit?

D'où viennent ces soldats?

Ils sortent de Huningue où deux cents Français (dont il ne reste plus que cinquante) se sont
vaillamment défendus contre trente mille Autri-
chiens. Ils quittent la place avec les honneurs de
la guerre, conduits par le général Barbanègre. Les
vainqueurs s'inclinent devant les vaincus. Et,
quoique l'on n'aime plus la guerre, en face de

cette *Sortie de Huningue*, on sent, malgré soi, battre son cœur de Français.

Ah ! monsieur DETAILLE, si jamais l'amour de la Patrie s'éteint en France, on pourra le rallumer au feu de votre patriotisme. Le temps impitoyable a noirci l'Horace Vernet de nos pères. Vous êtes notre « peintre à nous ».

M. CORMON a resserré sur une petite toile une grande scène de notre pré-histoire. Il y a un mouvement intense dans ces *Funérailles d'un chef à l'âge de fer*.

L'*Entrée de Louis XI à Paris* a permis à M. TATTEGRAIN de raconter triomphalement ce qu'était, au moyen-âge, une fête parisienne. Chroniques du temps, monnaies, médailles, tous les documents du passé ont été mis à contribution par l'artiste pour composer une toile magistrale, où l'intérêt archéologique ne nuit ni au mouvement ni à l'effet.

Nous frémissons devant les *Prisonnières* de M. LÉENHARDT, pauvres huguenotes qu'on arrachait à leur famille, qu'on séparait pour toute la vie de leurs maris, de leurs enfants.

Que de talent dépensé pour nous faire froid au cœur !

L'Assaut du Peiwar-Kotal, de M. HAMILTON,
est un excellent tableau militaire. Les soldats,
aveuglés par la poudre, se battent bien. C'est solidement dessiné. Toutes les couleurs sont justes,
chose rare aujourd'hui où tant de peintres ne font
pas seulement du plein-air sans vie, mais des
pleine-eau dans les arcs-en-ciel de l'impressionnisme.

Quel sanglant épisode a choisi M. GIRARDET
pour son *Soir de bataille!* La plage de Quiberon
est jonchée de cadavres. Le flot qui monte sur
la grève tragique emportera tout à l'heure vainqueurs et vaincus, émigrés et républicains, unis
dans la mort.

Cependant, avec la sérénité antique des philosophes, Cicéron et ses amis s'entretiennent dans
quelque coin du parc de Tusculum. Il se dégage
du tableau de M. LEBAYLE un calme reposant, une
élévation de pensée qui rappelle certaines pages
des *Tusculanes*.

GENRE

Le Salon étant en raccourci l'image de la vie,
un microcosme charmant où vient se refléter, à
chaque renouveau, un coin de notre humanité, le
profane s'y mêle au sérieux, le rire aux larmes,
la comédie au drame. C'est à cet heureux mélange que nous devons les productions charmantes,
qualifiées tableaux de genre, qui sont les nouvelles à
la main de la peinture, nouvelles à la main comme
en faisaient Grimm ou Diderot, avec le même esprit, avec la même verve. Des maîtres du pinceau
ne dédaignent pas de se faire un instant nos amu-
seurs.

M. HENNER est un poète qui, sur terre, rêve du
ciel. Voilà pourquoi il a toujours l'air de peindre
au fond d'une prison où pénétreraient, pour lui
seul, dans un éblouissant rayon de lumière, des
apparitions d'une beauté magique. Sur une fourrure sombre, une femme nue sommeille. Son corps

d'ivoire palpite dans un mouvement plein de souplesse et d'abandon. Cette *Étude* est la beauté
même dans ce qu'elle a de plus idéal.

« Que faire après cela ? » disent les jeunes peintres, dont les bras tombent de découragement.

Regardez, étudiez : jamais vous n'aurez meilleure occasion.

La toile de M. de RICHEMONT, d'un sentiment
contenu mais pénétrant, nous montre deux femmes, assises par terre, éparpillant à la lueur d'une
lampe des lettres qu'elles vont jeter au feu.

L'héroïne du roman, adossée au mur, assiste
anéantie au *Sacrifice*. Que de souvenirs évoque
en son cœur cette fin d'un roman ! Quelque chose
d'elle est mort qu'on va brûler. Son amie, simplement curieuse, paraît friande de flairer ces
parfums d'amour qui lui sont inconnus peut-être.
Un grand charme se dégage de ce drame intime,
raconté par le délicat pinceau de M. de Richemont.

M. DOUCET prend rang parmi les charmeurs.
Son *Étude*, une femme vue de dos occupée à sa toilette, est une ravissante figure. Après avoir fait
rose et velouté, il modèle ferme, en pleine pâte :
c'est très bien.

2.

Le Médecin soigné par son malade, de M. VI-
BERT, « avant l'égratignure », se portait à ravir,
triomphant sur sa toile. Qui vous a pu griffer
ainsi, monsieur, au grand scandale de vos admirateurs? Et tout Paris de potiner sur cet acte de
vandalisme : « Ne serait-ce point, dit l'un, quelque ongle rosé, quelque petite main armée d'une
épingle à cheveux? — Ne savez-vous pas, ajoute
un autre, que le maître s'est posé résolument en
exterminateur des femmes peintres? » Par bonheur,
le sinistre disparut vite, et la toile fut sauvée.

Est-il de notre siècle ce *Bourgmestre* qu'a
peint M. PILLE? Tout ce qu'on en peut dire, c'est
qu'il est admirable de modelé et d'humour.

M. BROZIK a suivi des *Enfants dans les bois*.
La petite troupe de fillettes et d'écoliers en rupture
de « bancs » est rendue dans une note charmante
de simplicité et de naturel.

Admirons, de M. BAIL, un *Pain bénit* d'une tonalité puissante, de quoi charmer les amateurs
de belle peinture pendant longtemps. M. Bail est
un de ces peintres mâles qui marquent leur
époque.

Dans *la Bienvenue*, de M. JACQUET, un groupe
de seigneurs et de jolies femmes, en costume
Louis XV, fêtent une arrivée. On trinque joyeusement, et le cliquetis des verres se mêle aux frou-
frous d'étoffes soyeuses, aux fanfares de couleurs
éclatantes. Oui, deux fois bienvenue cette œuvre
qui ramène le peintre à sa belle manière. Oh !
que les artistes célèbres ont tort d'écouter l'envie,
qui s'écrie, en voyant leurs tableaux : « C'est toujours la même chose ! » Eh bien ! oui. C'est toujours la même « belle chose » et voilà ce qui
exaspère les impuissants. Messieurs, soyez donc
« vous » et toujours « vous », quand vous avez le
bonheur d'être quelqu'un. Il n'y a qu'un Jacquet ;
mais quand vous poussez le peintre à sortir de
« lui », il n'y a plus de Jacquet.

Jolie scène d'intérieur bourgeois : *Le Roi boit*,
par M. BRISPOT. Le roi, comme partout, c'est l'enfant.

La Leçon de lecture, donnée par la sœur aînée
aux mioches comiquement attentifs, est d'une
naïveté savante et spirituelle. M. GEOFFROY excelle à fixer la mobilité de toutes ces petites têtes
tondues, de ces figures enfantines.

Voici de la couleur, et de la vraie : *Entre amis*.

Un gâte sauce partage avec un petit ramoneur le
contenu de son panier. Toile amusante, signée :
CHOCARNE-MOREAU, peintre bien vivant.

La Tireuse de cartes, de M. Henri CAIN, donne
envie de connaître l'avenir. Pourquoi ?... Le mystère du lendemain est le véritable appât de l'existence. Si l'on savait... que serait la vie ?

Les Gros bonnets du village, par M. ZWIL-
LER, révèlent un travailleur attentif et sérieux, un
peintre à qui l'avenir réserve de grands succès.

Toujours charmant, M. LANDELLE, qu'il nous
fasse assister à une scène de *Tissage* à Biskra, ou
de *Poterie* à El-Kantara. Peintre que les modes
n'entament pas, il reste sérieux, et l'avenir le gar-
dera.

L'Apprentie, de M. BRÉAUTÉ. Une femme, en
tenue de travail, explique à une fillette l'art délicat de faire des fleurs. C'est le soir. La lampe
éclaire d'une jolie lueur cet intérieur agrémenté
des gracieux accessoires du métier.

Réjouissante toile, d'un arrangement ingénieux,
comme toutes celles de M. LOBRICHON, qui s'est

fait une spécialité des enfants. Il a saisi ses tur-
bulents modèles au seuil de *la Terre promise*,
un magasin de jouets bien tentant.

Une belle fille, nue jusqu'à la ceinture, se chauffe
les mains à un brasero. C'est la *Frileuse* de
M. P. BEYLE.

L'Escapade, par Mme Elisabeth GARDNER, est
un ravissement. On est en été. La petite sœur,
une blonde toute mignonne, à peine vêtue d'une
chemisette qui laisse à découvert des nus très
frais, veut passer le ruisseau sur une planche
étroite. Elle a peur; mais son frère, un bambin
déjà grandelet, a mis bravement les pieds à l'eau
et la soutient au passage difficile. Où vont-ils?...
A Chicago, certainement, où Mme J. P. Ross leur
donne asile dans sa galerie. Pas bêtes les Américains! Ils ne manquent jamais de s'offrir les meilleurs morceaux.

M. GIRARDET nous fait bien vite grimper à son
Échelle où nous nous trouvons entre un peintre
qui devrait badigeonner la façade d'une maisonnette, et une jeune fille qui ne devrait pas le regarder. Lui, ne travaille pas, et elle lui sourit
d'un air... gentil, coquet, presque croustillant.

Alerte ! dit M. Munier, c'est l'Amour.

Nous descendons rapidement de *l'Échelle* pour fuir cet importun volatile, et nous dégringolons au bas d'un monticule, poussés par un essaim de ces amours fondant comme des guêpes sur la jolie *Poursuivie,* de M. Jean Aubert.

La belle *Marchande de fleurs à Londres,* de Mᵐᵉ Consuelo Fould, bien peinte, jolie à croire qu'elle le fait exprès, attractive à ne pouvoir s'en défendre, est une toile à grand succès. On aime tant la beauté ! Puis, c'est exact. Nous sommes bien à Londres : décor, costume sont vrais, et la fillette est anglaise comme quatre. Mᵐᵉ Consuelo Fould peint consciencieusement et avec amour.

Il est bon de regarder en détail le *Cours de haute école de dames,* par M. Gavarni, des portraits, dit-on. Ce « pétard », ravissant d'élégance et d'actualité, rappelle beaucoup comme succès le *Bal des habits rouges,* où le high-life aimait à se reconnaître.

Un joli petit tableau de boudoir, tout mignon, très solidement peint par M. de Cordova, s'intitule

Idylle. Une leçon de piano où l'on n'apprend pas que la musique !

Deux gentilshommes viennent de se battre. L'un a tué l'autre pour anéantir *le Secret* qu'il fallait étouffer. Maintenant fiévreux, les mains rougies, cet assassin du grand monde fouille dans les tiroirs pour s'emparer des preuves accusatrices, et les porter à M. Jules Desgoffe qui, seul, doit en être dépositaire. C'est très bien compris.

Oh ! monsieur Mac-Ewen ! quelles effrayantes *Sorcières !* Nous les prenions pour des folles. Il y a là de biens beaux effets, mais si tristes !

Nous voudrions détourner nos yeux des choses trop déchirantes. Mais pleurons encore sur la *Misère humaine,* puisque, pour nous y obliger, M. Van Aken nous envoie tout exprès de Belgique une femme mourant de faim et le grabat sur lequel elle est couchée.

Ah ! messieurs les peintres, vous tenez donc absolument à nous affliger ? Vous ne trouvez pas qu'il y ait assez de tristesse dans les réalités de la vie ?

PAYSAGE

———

Ce n'est certes pas dans le paysage qu'on peut
opposer des maîtres d'autrefois à nos grands peintres. L'école moderne triomphe sans conteste de
toutes celles qui l'ont précédée. En peinture, comme
en poésie, l'amour de la nature date d'hier. Ni la
Renaissance, ni le siècle de Louis XIV ne l'ont
connue. Il a fallu les grandes douleurs du
XVIII° siècle mourant, les secousses d'un monde
nouveau en formation, les craintes de l'humanité
stupéfaite, pour ouvrir notre âme à la poésie de
la nature, pour l'initier aux harmonies de l'univers.

Donnons donc le premier pas, parmi nos paysagistes, à ceux qui ont su faire passer sur leur
toile ce je ne sais quoi de troublant et d'indéfinissable qui nous émeut à certaines heures, devant certains paysages, et nous étreint jusqu'aux
larme .

M. Français ne croit pas qu'il faille faire pâle
et effacé pour rendre une toile poétique. Il voit la
nature comme elle est, avec ses tons clairs et lumineux. Son *Village de Bellefontaine* est la franchise même. Impossible de trouver une œuvre
plus harmonieuse et mieux tenue. La nature ne
se révèle qu'aux maîtres qui savent l'aimer comme
M. Français.

Juin. La prairie est fauchée. Un faneur, adossé
à une meule de foin, se repose, vidant une cruche
rebondie. Deux femmes, à ses côtés, mangent des
cerises; une autre, debout, s'appuie sur son ra-
teau. Le soleil se couche sans un nuage. Il fera
beau demain. Pour M. Jules Breton, les louanges
sont impuissantes. On regarde, respectueux, attentif, ses toiles mystérieuses, et l'on entend ce
qu'a dit la muse au poète et ce que le peintre,
ému, répète dans ses tableaux.

M. Harpignies, le maître incontesté du paysage
classique, a planté son chevalet sur la Côte d'azur,
à deux pas de cette Italie où le Poussin allait
chercher ses paysages savants. La *Vue prise à
Beaulieu* rend bien la majesté triste de ces vieux
oliviers, aux troncs noueux et tourmentés, au
feuillage pâle.

Chaque paysagiste comprend la nature à sa manière. M. C. Busson y trouve un paradis des yeux, récompense de quelque vie antérieure. Pour lui, voir le soleil se lever argentant les lueurs bleues de l'atmosphère, le suivre décrivant au zénith sa courbe majestueuse, puis s'inclinant pour disparaître à l'horizon dans l'or ou dans la pourpre des nuages, s'enivrer des aspects féeriques donnés par les sept couleurs du prisme à la nature : forêts, champs, mer, cours d'eau, voilà pour M. C. Busson le bonheur, ce qui fait de la vie une fête de l'âme. Ses pinceaux nous disent tout cela, qu'il peigne comme cette année les *Anciennes carrières du Loir-et-Cher*, ou bien : *En automne*.

Il faut bien peu de chose à M. Adan pour faire un tableau remarquable. Un mur en ruines, une paysanne et sa fille qui cheminent chargées d'herbe fraîchement cueillie, un rideau de grands arbres, et voilà le *Retour des Champs*. C'est d'une simplicité et d'un sentiment « délicatissimes ».

Jeunesse, paysage fait de gaieté, de fleurs, de rayons de soleil filtrant à travers les arbres d'une grande allée... Des pigeons voltigent, une jeune fille sur un banc songe... à quoi? Demandez aux jeunes filles ou à M. A. Demont.

M. Bernier est le chantre de la Bretagne. Les *Pins de Kerlagadic* sont une de ses plus belles inspirations.

La Seine à *Conflans-Charenton*. Les cheminées d'usine fument, les chalands amarrés à la berge attendent le départ de la chaîne, le fleuve roule ses ondes d'une coloration vigoureusement comprise par M. Guillemet.

Les *Chaumières flamandes*, de M. Petitjean, sont endormies au bord d'un canal. Le beau ciel, le calme du paysage et des eaux, pris dans une plantureuse végétation, sont exubérants de naturel.

Le Ruisseau de Dannes, de M. Yon, étale son eau limpide au pied d'un petit village perdu dans les arbres. C'est d'une jolie impression printanière.

Dans un champ, le long de la route, des paysans ensachent leur récolte. Le village s'aperçoit au milieu des lointains. Des hirondelles s'assemblent pour causer de départ. Les feuilles prennent leurs teintes de rouille. On sent les *Approches de l'automne*. Belle toile de M. Désiré Laugée, un vétéran du Salon.

M. Lansyer nous fait visiter les *Environs de Menton en hiver*, où de beaux oliviers se silhouettent sur une échappée de mer bleue. L'artiste est allé leur demander une prolongation d'existence, qu'ils lui ont refusée [1], hélas!

M. Schmitt réussit toujours bien ces coins de banlieue dont la beauté, inconnue aux profanes, est un charme pour le vrai Parisien. *La Porte de Châtillon*, avec ses talus de « fortifs », sa barrière où les charrettes attendent leur tour pour la visite, ses maisons du faubourg dans le fond, est d'un pittoresque achevé.

Une prairie aux herbes longues, une lisière de forêt qui s'indique dans le lointain, un jour gris et sombre : c'est *le Pays-bas* (Jura), de M. Pointe-lin, paysage rempli de mélancolie.

Quel aspect morne que cet *Avanne*, peint par M. Léon Pelouse! Est-ce un glas funèbre qui sonne à ce clocher encore indécis dans les voiles de la nuit? Les corneilles tournoient en criant. Elles annoncent la mort de l'artiste, un laborieux et excellent peintre [2].

---

1. Emmanuel Lansyer est mort en 1893.
2. Léon Pelouse est mort en 1891.

M. Félix Bouchor a élu résidence à Freneuse.
C'est là qu'il a vu cette *Batelée d'herbe* descendre silencieusement la calme rivière, à l'heure du
crépuscule.

Nos yeux se ferment éblouis devant *la Récolte
des dattes*, de M. Bompard. Nous ne voyons plus
rien.

ANIMALIERS

La limite qui sépare les paysagistes des animaliers est si difficile à préciser, qu'on nous pardon-
nera de les faire voisiner parfois les uns chez les
autres; quand un des deux genres dominera dans
le tableau.

M. Charles JACQUE ajoute à son œuvre si con-
sidérable un *Abreuvoir aux vaches* que Troyon
eût signé sans hésiter. On retrouve là toute la
vigueur et toute la fraîcheur d'inspiration d'un
pinceau que l'âge n'a pu vieillir.

Le calme se fait dans les champs. Voici venir
le troupeau de M. VAYSON, de beaux moutons
suivant *le Chemin du marché*. Êtes-vous sûr que
ce soit celui du marché? Ils m'ont tout l'air de courir
d'un bon pas vers la fameuse médaille d'honneur.
S'ils ne l'ont pas, ils la manqueront de bien peu.

De M. Barillot, des bœufs robustes et magnifiques s'enfuient dans une course folle au sifflet du *Train 47* qui approche.

D'autres, paisibles, broutent dans l'herbe drue sous la garde des *Bergères lorraines*. C'est d'un solide et sincère talent.

De beaux échantillons de la race bovine suivent un chemin ombragé *Dans le pays basque*. Le soleil perce les arbres, éclatant çà et là en jolies taches. On reconnaît la riche palette de M. de Vuillefroy.

M. Julien Dupré a pour modèles préférés les bonnes vaches laitières, les bœufs puissants, les belles filles au corsage craquant. Il expose : *Rentrée à la ferme* et *Sous les pommiers*. Des flaques de soleil tombent des éclaircies d'arbres sur le gazon. C'est solide, lumineux, vrai et franc.

M. de Penne lâche devant nous ses chiens jappants, saisissants! Le duc d'Aumale s'empare des premiers : *Bat l'eau dans l'étang de Sylvie à Chantilly*. Les marchands accourent et happent au passage : *Pendant la chasse*.

Superbes, les bœufs de M. MARAIS : *Au retour* du pâturage... ou de la foire. Quel mouvement ! La bergère a fort à faire pour mener cette bande indisciplinée.

MARINES

———

Les marines proprement dites disparaissent ou plutôt se compliquent.

Depuis que la rapidité des communications a rapproché de nous l'océan, les artistes ont été voir la mer chez elle, et leur inspiration s'est étendue.

Nos peintres ne la peignent plus pour elle-même, nue, avec ses calmes ou ses orages. Leurs tableaux retracent les scènes de pêche, les naufrages, les mœurs maritimes, les légendes de la côte. La mer est le décor, le marin le premier rôle.

M. Jules BRETON a quitté les champs, attiré par les coups de battoir des laveuses de Douarnenez. Le ciel est rose et or, la mer d'un bleu adouci. Sur le sable se frôlent, sans se mélanger, les flaques d'eau laissées par les lames et les minces filets de source qui suintent entre les roches. Ce *Souvenir de Douarnenez* est d'une grâce indicible. M. Breton

3.

est un Millet qui aura été compris de son vivant, car sa réputation est aussi grande que son talent.

Une race privilégiée commence avec lui, favorisée par le don de manier aussi habilement la plume que le pinceau. Sa fille, Mme DEMONT-BRETON, a autant d'esprit que son père. Les discours, prononcés par elle pendant sa présidènce à la Société des Femmes peintres, étaient des plus remarquables. Sa femme de pêcheur, poussant à la lame sa graine de marin apeurée, se détache bien sur le ton délicat de l'eau. Il est impossible de trouver un mouvement plus naturel que celui du bébé sous la rude caresse de la mer. Quelle *Trempée !*

La mer furieuse lance ses vagues à l'assaut de la côte. Les marins cherchent à hâler la barque sur la grève. C'est *la Lutte pour la vie*, celle qui recommence tous les jours pour les travailleurs de la mer, et qui a inspiré à M. MORLON une de ses meilleures toiles.

Quel lugubre épisode nous raconte M. GUILLOU ! Un pilote naufragé, luttant toute la nuit contre la tempête pour sauver la vie de son fils, et s'apercevant au petit jour qu'il ne tient plus qu'un cadavre entre ses bras : « *Adieu !* murmure-t-il, mon enfant », et il dépose un dernier baiser sur ses yeux fermés.

Le matin, la mer est basse. Le *Bateau échoué dans la baie de Cancale*, par M. LE SÉNÉCHAL DE KERDRÉORET, étaye sa coque entre deux béquilles. Le sable humide a des reflets transparents, où se mirent les chercheuses de coquillages et les voiles des barques parties pour la pêche.

Sous un ciel d'encre, les rafales fouettent la mer. *La Vague* monte, superbe, terrifiante, et retombe en écume blanche. M. DIETERLE a bien saisi ces « moutons », sinistres précurseurs du gros temps.

Après la tempête, de M. E. MAILLARD, la mer est calme. Le soleil, perçant les nuages brisés, met en pleine lumière les bateaux échoués, les débris gisants.

Un peu plus loin, sur la grève, la femme d'un pêcheur, que l'orage vient de faire veuve, se dresse devant l'*Épave* de M. MARONIEZ. Morne, navrée, elle contemple la membrure déchiquetée du bateau, tandis que les orphelins, inconscients, continuent leurs jeux en face de la mangeuse d'hommes.

NATURES MORTES

On affecte généralement quelque dédain pour les « natures mortes ». Mais quel chemin parcouru en ce genre par nos maîtres de l'école moderne : Antoine Vollon, Desgoffe, Bergeret, Fouace, Claude, Chrétien, Bourgogne ! Ils vivent, ces fruits veloutés, ces fleurs éblouissantes, ces étains, ces cuivres rutilants sous les reflets du soleil ! L'art a trouvé le secret d'animer ces choses inertes, et d'en faire des chefs-d'œuvre éclatants de couleur et de vérité.

Si nous faisions quelque ravage dans les allé-chantes gourmandises qui nous entourent? Les *Crevettes*, de M. Bergeret, ouvrent singulière-ment l'appétit.

Voyons le menu :

Deux dîners, de M. Fouace ; *Truite saumonée*, de M. Monginot ; *Raisins* de M. Eugène Claude ; *Pommes*, de MM. Burgat et Bourdon.

M. Ralli accourt avec ses *Confitures de roses.*
Il nous en donne à cœur joie : c'est un lunch de
roi.

La petite bonne de M. Belhomme, qui a tant l'air
d'un Meissonier, nous lavera *la Vaisselle.* Et, pour
aider à la digestion :

Voici le jardin charmant, de M. Du Mond.
Que de fleurs! C'est là que nous nous arrêterons.
Il y fait bon et frais. La maison parait si tranquille, dont la fenêtre est doucement entr'ouverte,
qu'on doit pouvoir s'y passer de ciel.

RELIGION

En 1892, le courant de l'inspiration s'éloigne de
la divinité qui fit la gloire des écoles célèbres.
« Les anciens sont les anciens, et nous sommes
les gens d'aujourd'hui », disait Molière. Et pourtant, ce Molière d'autrefois est encore l'homme
d'aujourd'hui. Les erreurs seules passent, le vrai
demeure. Le sentiment religieux restera de tous
les temps, parce qu'il est inhérent à l'homme qui
pense.

Aussi, pour se manifester sous d'autres formes,
le grand esprit des choses n'en est pas moins
présent au Salon de 1892, dans les chefs-d'œuvre
inspirés par la nature à nos peintres célèbres.

Très pittoresque, la vieille église *En Alsace*,
de M. DAWANT, avec ses paysans revêtus de leurs
costumes nationaux ! C'est l'heure de la messe.
Le sacristain distribue le pain bénit, et, par les

hauts vitraux, un gai rayon de soleil prend part à
la fête.

La mort d'*Abel*, par M. Demont, a pour décor
un site morne et désolé. Une mince spirale de
fumée monte du bûcher fatal. La lune paraît à
peine au ciel. Une impression de grande tristesse
se dégage de cette simple et belle composition.

M. Hector Le Roux, qui rêvait autrefois des
vestales, suit aujourd'hui dans le désert *Agar et
Ismaël*, et peint leurs tortures angoissées avec sa
propre douleur d'inconsolable.

L'assaut est rude pour ce jeune vicaire assailli
de *Tentations* jusqu'au pied des autels, d'autant
plus que M. Surand n'a rien négligé pour prêter
à ses visions féminines toutes les grâces et toutes
les séductions.

M. Albert Laurens a vu par une sorte d'hal-
lucination la *Sainte Famille* au désert : trois ombres, à peine distinctes, fuyant dans la lueur indé-
cise du grand spectre de la croix.

Voilà des jeunes filles, toutes vêtues de blanc,

qui passent dans le gris, murmurant le chant des
morts. M. BRAMLEY les voit au moment où le jour
tombe. Elles portent en terre, dans des liens de
fleurs, le cercueil d'un tout petit enfant. Bien des
mères s'arrêtent, le cœur serré, devant cette peinture qui ressemble à un long sanglot. L'enfant qui
meurt est un déchirant contre-sens de la nature:
Fogsake is the Kingdom of heaven.

PORTRAIT

———

Au nombre des toiles de maitre que nous conservent les musées, les portraits gardent un charme
tout particulier. Les modes passent, les écoles suc-
cèdent aux écoles, le portrait survit. Il exerce sur
nous son attrait irrésistible : celui d'une personnalité qui y laissa quelque chose d'elle-même. Nous
venons interroger le mystérieux regard, la parole
figée sur les lèvres entr'ouvertes, et nous cher-
chons à pénétrer l'inconnu de cette humanité disparue, qui pourtant reste un peu là, nous parlant
de l'outre-tombe dans une langue muette que nous
nous efforçons en vain de comprendre.

La postérité n'aura pas trop à se plaindre de
nos portraitistes contemporains. Leur fécondité lui
prépare d'innombrables sujets d'admiration, des
portraits à garnir dans l'avenir tous les musées
imaginables.

Chaque exposition, — Salon annuel, Cercles
artistiques, — regorge de portraits qui occupent
les places d'honneur, s'étalent sur les cimaises,

courent le long des murs, débordent de partout. Ils sont trop.

Nos peintres « arrivés » portraiturent à satiété. Ils ne s'interrompent que pour exécuter les ordres ministériels ou autres qui leur confient le soin de décorer un monument public, une gare de chemin de fer.

Pris par les commandes de l'État, accaparés par les portraits, ces artistes ne songent plus aux yeux qui les suivent, à la gloire qui les guette. Ils gagnent beaucoup à ce jeu ; mais l'art y perd. L'œuvre géniale qui, peut-être, sommeille en leur cerveau, ne s'éveille jamais au jour. Le portraitiste étouffe le peintre.

Pour échapper aux tentations de la fortune, fermer l'oreille aux paroles dorées d'un prince de la finance qui veut avoir son portrait signé du maître, pour résister aux prières d'une jolie femme qui demande d'éterniser son sourire, il faut être Gérôme, Bouguereau, Henner, Roybet, sentir l'incessante brûlure du feu sacré, avoir l'indomptable volonté de créer, — être vraiment des immortels.

Ne semble-t-il pas que tous ces portraits soient là comme de véritables personnages immobiles, en costume d'apparat, conviés à quelque fête ?

Les célébrités et les jolies femmes qui assistent en peinture à l'exposition de 1892, sont :

Léon XIII par M. Chartran. Toutes les conver-
sations, les colonnes de journaux en sont occupées.
Évidemment, M. Chartran est un habile. Impossible de manier avec plus de dextérité la gamme des
rouges pour arriver au triomphe du blanc ponti-
fical. Le tableau, n'est, paraît-il, que l'agrandis-
sement d'une esquisse d'après « nature » ? Mais
alors, pourquoi Léon XIII a-t-il le sourire du Voltaire d'Houdon ? C'est que lui seul sait bien ce
qu'il pense et ce qu'il veut.

Le général de K... Comment M. Henner peut-
il passer d'une de ces délicieuses petites dryades·
blondes, endormies dans le creux d'un rocher ou
sur la mousse des bois, à la mâle figure d'un général ? Quelle autorité dans les touches ! Quelle
belle pâte dans les tons de cette figure d'homme
de guerre ! Si le mot d' « inspiration » peut être
appliqué de nos jours, c'est aux pinceaux de
M. Henner qu'il faut le réserver. Ils en sont
pleins.

Renan, par M. Bonnat. Le grand professeur
d'incertitude, comme on l'a appelé, est assis. Ses
mains, des mains admirables de puissance, reposent sur ses genoux. Sa bouche sourit de ce sourire énigmatique, qui, si souvent, passa dans sa
parole diverse et changeante. Son œil a cette ma-

licieuse bonhomie avec laquelle il jugeait, ou paraissait juger les dieux et les hommes, et jouait de ceux-ci à sa guise. Il parle, ce chef-d'œuvre. Écoutez-le.

Par M. J.-P. LAURENS, le *colonel Brunet*. Tête haute, regard clair, où se lisent l'énergie, l'esprit d'action, l'intelligente décision du haut commandement. Le maître a su découvrir l'être moral sous les dehors du chef.

M. L. Guy, par M. J. LEFEBVRE, qui, même dans le convenu de nos modes, sait rester grand artiste. Ce gentleman au visage doux, encadré de cheveux argentés, est d'une facture souple, d'une maîtrise absolue.

Louis Prétet, organisateur des Salons, figure essentiellement sympathique, a tenté plus d'un maître. M. ROYBET, à son tour, vient de fixer sur la toile les traits spirituels du commissaire général de l'Exposition. Son vigoureux talent lui a inspiré un portrait magistral, qui fait foule. Superbe rentrée au Salon, que M. Roybet avait déserté depuis plusieurs années.

*M*ᵐᵉ *Leroux-Ribeyre* ne s'occupe pas de ce qui

l'entoure. Vêtue d'une robe paille, un éventail à
la main, elle est assise à côté de son piano et nous
sourit. M. Marcel BASCHET, le virtuose des por-
traits-bijou, l'a faite gracieuse d'expression, fraîche
de couleur, ravissante.

Mme *C*... (Mme Comerre) vient à nous adorable,
signée par son mari. Voilà qui est « fait » ! Rien
n'y manque, pas même l'éclat de la robe lamellée
et enrubannée de rose. Et le visage ! Et les mains !
Bravo ! monsieur COMERRE. Nul ne vous égale
comme peintre de la beauté.

Mme *P*..., vêtue de satin blanc, bras nus, dé-
colletée, assise sur un large fauteuil de soie rose,
au milieu de meubles anciens luxueux, est digne
de la réputation européenne de M. de MUNKACSY,
artiste hongrois. L'ordonnance en est belle et la
coloration chaude. C'est plus un tableau qu'un
portrait.

Mme *T*..., avec sa jolie tête délicieuse d'expression et la lueur pétillante de ses yeux, récompense
d'un sourire M. MACHARD qui l'a si bien comprise.

Non loin de la toile de M. Maignan, où les êtres nés du génie de Carpeaux viennent lui donner le baiser d'adieu, une grande figure s'aperçoit : celle du *Prince Georges Stirbey,* qui ouvrit au grand sculpteur son cœur, sa maison, adoucit ses souffrances, prolongea sa vie, et lui fit des funérailles dignes de sa gloire.

Ce portrait, peint avec une mâle énergie, quoique dû au pinceau d'une jeune fille, Mme Achille-Fould, exprime bien la noble intelligence du modèle. On y retrouve, avec l'aménité, la bonté particulière à son caractère, toute la dignité de race. On sait que le père du prince Stirbey fut, pendant une trentaine d'années, prince régnant en Valachie. La fusion volontaire que firent, d'un commun accord, par patriotisme, les princes régnants de Moldavie et de Valachie en un seul état, la Roumanie, déchargea le prince Georges Stirbey, fils aîné du prince Barbe, du poids de l'hérédité.

Ce fut un bel acte d'abnégation que celui de ces deux princes qui se retirèrent du pouvoir, eux et leur dynastie, afin de fonder une nation. Pour écarter à l'avenir toute revendication de part et d'autre, ils posèrent leurs couronnes unies sur la tête d'un prince étranger, un roi plus tard, qui, par ses puissantes alliances, pouvait consolider l'indépendance de cette nouvelle patrie.

Mme la comtesse de Martel, « Gyp » en littérature, est peinte par Mlle Louise ABBÉMA. Voilà une artiste, qui fait « actuel » sans tomber dans l'impressionnisme!

Le peintre *Gagliardini* devant ses toiles, par M. P. LANGLOIS, est un excellent portrait où rien n'est à reprendre. Quand un artiste peint un de ses confrères, il y a toujours là quelque chose de particulièrement intéressant. Le rapprochement de deux intelligences ne peut être que fécond. M. Langlois est un puissant. Lui rendra-t-on la justice à laquelle il a droit? Faute d'être compris, souvent des hommes de valeur ne se développent pas dans tout leur épanouissement.

Le succès est nécessaire à la modestie du vrai talent qu'il développe. L'artiste s'étiole, et souvent meurt sans lui, comme la plante sans eau.

* * *

Le temps nous arrête, et nous n'avons pas tout dit : quelques artistes encore méritaient d'être étudiés. On nous trouve bienveillants, qu'on se détrompe. Si nous ne parlons guère que des bonnes choses, et gardons autant que possible le silence sur ce qui, selon nous, est déplaisant, exaspérant même, c'est que nous trouvons charitable de ne pas vous signaler les mauvais endroits, et de vous épargner le plus longtemps possible une vue dont vous souffrirez toujours assez tôt.

SALON DE 1893

SALON DE 1893

Pendant que le *strugle for life* irrite les hommes
les uns contre les autres, et assombrit l'atmosphère de misères et de menaces, au milieu de la
ville convulsive une oasis surgit.

Le Salon s'ouvre! Les sommités intelligentes,
la foule joyeuse accourent, car un monde est sorti
du cerveau humain. Monde de marbre, imposant
dans son immobile majesté, c'est la sculpture.
Monde de souvenirs, de passion ou de rêves,
émanant des milliers de toiles magiques où des
âmes l'ont fixé, c'est la peinture. Les beaux arts
nous consolent des laideurs de la vie.

Et Paris, ce Paris fait d'un triage dans tous
les peuples, Paris assoiffé d'idéal, attiré par les
efforts suprêmes vers le beau, s'élève au-dessus
de lui-même. Le cœur battant, la tête en feu, il

arrive à tire-d'ailes pour se reposer un peu de la
réalité. Et l'or va pleuvoir dru sur la caisse des
retraites [1].

Voyons donc, mais voyons vite, car les heures
bénies sont courtes. Nous n'avons que deux yeux
et il en faudrait mille.

1. Le produit du vernissage, qui jadis était gratuit, est affecté
maintenant à la caisse des retraites de la Société des Artistes
français.

ALLÉGORIES

L'Offrande à l'Amour. Parmi tout ce que la jeunesse étale à ses pieds, l'Amour, se souvenant
d'Ève, choisit une pomme en baissant les yeux.
Les œuvres de M. BOUGUEREAU provoquent inévi-
tablement cette exclamation chez les jaloux exaspérés : « C'est toujours du Bouguereau ! » Eh !
oui ! c'est toujours la même délicieuse chose ! »,
c'est toujours charmant comme composition, irréprochable comme exécution, irrésistible enfin.
L'Amérique guette et emporte ses chefs-d'œuvre
à peine achevés, et la gloire de notre art français
fait le tour du monde sur les boucles blondes de
ses nymphes et sur les ailes de ses amours.

Ponsard a dit :

> Mais qui donc êtes-vous, jeune Républicaine ?
> Je demande, étonné, si vous ne seriez pas
> Quelque divinité descendue ici-bas,
> Et si la Liberté, la déesse nouvelle,
> N'aurait pas pris les traits d'une vierge mortelle.

4.

M. Thirion rend en peinture la même idée. C'est bien, en effet, un mirage de l'actualité, cette République au visage fin, à la silhouette délicate, qui, les ailes aux oreilles, entraîne avec elle la jeunesse charmée.

M. Demont évolue spirituellement dans le do-maine fantaisiste qu'il affectionne. Les armées que son *Don Quichotte* voit dans les nuages ont bien les formes fantastiques que les enfants et les rê-veurs découvrent dans les cieux.

M. Perrault, avec une grâce toute nouvelle, per-sonnifie par *la Cigale* l'imprévoyance dans ce qu'elle a de plus sympathique.

L'artiste gracieux par excellence, M. Bisson, c'est Paris-peintre. Pas impressionniste, pas clas-sique non plus : « fin-de-siècle », dans toute l'ac-ception poétique et insouciante de cette définition. Nous aurions bien quelque envie de le quereller sur certaines lignes de sa jeune fille à *Tentation !* Mais pourquoi mieux faire, puisque c'est char-mant ?

Cabanel a peint jadis une belle Ève, très pres-

sée sans doute, qui cueillait les pommes en fleurs.
La même idée nous est venue en écoutant les
pommiers de M. DEYROLLE chanter ce que le peintre nomme *la Chanson du Printemps*, appel aux
Eves qui passeront par là.

HISTOIRE

M. J.-P. LAURENS, après nous avoir montré
Saint Jean Chrysosthome tonnant contre une
reine inflexible, nous fait entendre la chanson
royaliste de la *Petite de Bonchamps*. « Vive le
roi ! » crie l'enfant. « Vive Dieu ! » monsieur LAU-
RENS, voilà un beau tableau.

Magnifiques, *les Grenadiers de la garde à Ess-
ling!* On retrouve M. CORMON tout entier, son courage, la franchise de son allure, dans le choix du
sujet et dans la hardiesse avec laquelle il est
traité. Laissons le capitaine Coignet nous décrire le
tableau :

« Les pertes devenaient considérables ; il fallut
« mettre la garde sur un seul rang... Mais voilà
« un grand malheur qui nous arrive ; le corps du
« maréchal Lannes battait en retraite ; une partie
« vint se jeter sur nous, tous épouvantés, et cou-
« vrant notre ligne de bataille . Comme nous

« étions sur un rang, nos grenadiers les prenaient
« par le collet et les mettaient derrière, en disant :
« Vous n'aurez plus peur. »

Nous avons constaté la rentrée triomphale de
M. ROYBET, en 1892, par le portrait de *M. Prétet.*
Le voilà qui, d'un coup d'épaule, s'ouvre toutes
grandes les portes du Palais avec un monumental
tableau d'histoire, auquel il ajoute la toile enthou-
siasmante : *Propos galants,* et il enlève la médaille d'honneur à la pointe du pinceau.

Dominant les larges degrés du grand escalier,
et arrivant sur nous, *Charles le Téméraire,* furieux de son échec d'Amiens, pénètre avec ses
milices féodales dans l'ombre sacrée d'une église,
à Nesle. Les sabots des chevaux écrasent les pé-
nitents en prières. Ces soldats, des aventuriers
anglais et italiens, précipitent des hautes galeries
supérieures femmes et enfants, qui tombent sur
la foule, broyant d'autres femmes, d'autres enfants. La mort, donnée ou reçue, crispe tous les
visages. Un noir de deuil coule sur cette toile terrible. Quelques riches draperies, quelques chairs
éclatantes, jettent encore sur cette mêlée, broyée
dans le sang, des éclats lumineux comme des mo-
queries du sort. La terreur nous cloue sur place.
Le drame de M. Roybet se passe dans un magnifique cadre gothique posé sur une large draperie
cramoisie. Rien n'a été épargné pour cette maî-

tresse œuvre. Rien de plus beau ne saurait s'offrir aux yeux.

Il est d'usage en France, chez les artistes surtout, de prendre les étrangers pour taper sur ses compatriotes, de les prôner au Salon d'une façon tout à fait exagérée. Il y a eu exception cette fois. A-t-on assez remarqué *Arpad*, chef des Madgyares? Les peuples qu'il a conquis lui offrent, en signe de soumission, de l'eau du Danube, de la terre et du foin. La foule des guerriers acclame le triomphateur venu d'Asie. Et, jusqu'en 1301, les rois de Hongrie se nommeront Arpades. Cette scène, qui se déroule au pied des Karpathes, est si naturelle qu'on croirait la voir en réalité. Tout y est sobre et juste, rien ne détonne dans l'harmonie de l'ensemble. Où sont donc les brusques effets voulus par M. de MUNKACSY, son bitume légendaire et ses silhouettes si hardiment découpées que ses ennemis les trouvaient sèches? C'est que sa barbe s'est argentée. Il a réfléchi, regardé en avant. Célèbre, riche, il a voulu grandir encore ; il a voulu, pour être illustre, devenir vrai... avant de mourir.

Remarquez *Campagne de 1814*, par M. FLAMENG. *C'est lui !...* Oui, c'est « lui », qui fait de charmante peinture. Délicat, original, très éru-

dit, ce jeune maître excelle dans les tableaux
d'histoire et les portraits de petite dimension, toujours d'une facture riche et serrée.

Comment regarder longtemps *les Amazones
désespérées* sans croire que la terre vous manque ? La vue de ces femmes échevelées, lancées
dans le vide avec une vitesse d'obus, est étour-
dissante. Les chevaux, emportés par la terreur,
bondissent hors de la toile dans un précipice où
l'on se croit soi-même. La tête tourne, on se tient
à son voisin, et si l'on n'a pas de voisin, on est
bien près de tomber sous le fer des chevaux. Nous
ne savons pas quel âge a M. LUMINAIS ; mais
quelle fougue et quelle jeunesse !

Le Pillage d'une villa gallo-romaine, par
M. ROCHEGROSSE, se passe de commentaires. Cette
page terrifiante est une merveille.

Mme DEMONT-BRETON, avec sa teinte de primitif,
est le peintre de l'enfance et de la famille dans
toute leur simplicité. Voyez plutôt *Jeanne à Dom-
rémy*, le *Foyer*, et jugez vous-même.

Les difficultés que présentent les études mili-

taires sont surmontées sans efforts dans le tableau de M. ORANGE : *les Défenseurs de Sara-
gosse*. Les personnages existent, se meuvent et
donnent une pleine illusion de la réalité.

L'Exemple, c'est *Kléber à l'assaut de Saint-Jean
d'Acre*. Déjà plusieurs porteurs d'échelles avaient
été tués, sans parvenir au pied de la brèche. Les
autres hésitaient. Kléber leur cria : « Eh bien ! y
viendrez-vous? » Tous se précipitèrent. C'est d'un
crâne !... La lumière est franche, hardie. M. SER-
GENT est quelqu'un.

Le trompette de M. GROLLERON sonne un grand
succès pour l'auteur de *Frères d'armes* et *Bi-
vouac*.

Le 4 Mars 1817, Napoléon arrêta son plan
d'attaque... Et, de ce souvenir, M. ROUSSEL fit un
très bon tableau. L'effet de nuit est remarquable.

GENRE

Une dormeuse, par M. Henner, de son calme majestueux et splendide éclaire toute une salle. « Il fait toujours la même chose », lui aussi? Oui, toujours des régals pour les siècles futurs. Il faut faire ce qu'on fait mieux que tout et s'en tenir là, quand on est un grand maître comme M. Henner.

Venez çà, ouïr mes *Propos galants*, nous dit M. Roybet. Il nous entraîne et nous nous laissons faire. Là-bas, c'était la mort: ici, c'est la vie. Oh! oui, la vie dans toute sa luxuriance amoureuse. Alfred de Musset prétend, dans sa « Porte ouverte ou fermée », qu'une femme ne peut être aimée que jusqu'à trente ans. Après, elle doit se contenter d'aimer seule. Balzac et Zola proclament le contraire. Quant aux peintres hollandais, ils ont poussé l'amour jusque dans ses derniers retranchements. Ils ne choisissaient pas leurs amants à l'âge des

fleurs, mais à celui des fruits. Leurs scènes ga-
lantes ne se passent pas entre jeunes jouvenceaux
et frêles jeunes filles, mais entre francs buveurs
et grasses commères pour lesquelles le petit dieu
ne doit plus avoir le moindre secret. Ce système
d'hommes du Nord, aimant à s'attarder aux bonnes
choses, donne à leurs tableaux un attrait égrillard
de haut goût. Si l'esthétique y est plus sensuelle
qu'éthérée, le piment y est si fort qu'il faut bien
le sentir. M. Roybet s'est inspiré de ces souvenirs
lointains.' Rien n'est oublié, ni les buveurs du
fond, ni le vase équivoque du premier plan; mais
l'artiste a voulu mieux faire que ses devanciers, et
il a réussi. Sa maritorne, toute capitonnée, toute
décoiffée et toute à son aise qu'elle soit, n'est pas
ivre. Le reître, auquel l'aimable M. Prétet a donné
son profil, n'est pas ivre non plus. Les deux sont
attrayants. Nous entendons bien ce qu'ils disent,...
et ils ont raison de parler bas. Mais le barbon
friand, se disposant à mordre dans cette pêche
mûre, ne nous choque nullement. Il réjouit nos
yeux. C'est l'école hollandaise devenue gauloise,
c'est-à-dire épurée par l'esprit français. M. Roybet
a fait un tableau de maître qui porte haut la médaille d'honneur.

Comme il est cruellement gai, ce gamin épiant
le dernier soupir de la *Dinde de Noël !* Qu'elle
sera bonne aux marrons, cette dinde qui pleure

là tout son sang! Pendant que la nature lasse est endormie sous la neige, que la mère, les doigts gelés, se hâte, ne songeant qu'au repas des siens, l'enfant s'apprête à la joie de vivre. Demain ne lui appartient-il pas, et l'avenir n'est-il pas à lui seul? Très philosophique cette belle toile de M. BRETON.

M. TATTEGRAIN, comme plusieurs de nos maîtres, s'est resserré dans un petit cadre. Est-ce à cause du chiffre néfaste de 1,800 tableaux, imposé comme maximum au Salon? La jeunesse est sacrifiée par cette mesure exclusiviste qui lui rend difficile l'accès de l'exposition, et certains peintres de grande allure protestent contre cette mesure draconienne en se faisant petits pour prouver que la place ne manque pas. Au reste, le public ne perd rien à leur bonne action. Ces messieurs n'ont pas besoin de toiles interminables pour prouver qu'ils ont du talent. L'*Incendie* est une belle page, mouvementée, terrible.

Les hommes consciencieux, fureteurs, ne sont pas seulement peintres, mais artistes, deux qualités qui, par malheur, ne se rencontrent pas toujours, malgré la similitude de signification que leur donne le langage usuel. Ils cherchent leur voie dans des conceptions variées, tel M. GUELDRY

dont nous recommandons une *Distribution de secours dans un bureau de bienfaisance*. Les têtes
sont expressives, étudiées à merveille. Quand ce
peintre aura produit un véritable chef-d'œuvre, il
ne résistera pas au désir d'en faire un second, et
se fixera probablement dans un genre. Quand on
a trouvé la route qui mène à l'immortalité, on ne
gagne rien à trop butiner dans les contre-allées.

Les œuvres charmantes de M. ADAN restent pré-
sentes à l'esprit comme le doux souvenir de personnes aimées. *A travers champs* et *Rêverie* nous
laissent les mêmes impressions.

Découvrez-vous, messieurs, devant *la Besogne
faite*, de M. BAIL, et ne vous attardez pas trop :
vous n'auriez pas le temps de voir le reste.

La couleur de M. MOREAU DE TOURS est toujours
belle. Pour être moins grands que ses tableaux
précédents, *le Départ du conscrit* et *Au cabaret*
n'ont pas moins de valeur : son talent s'est fait
plus intime. Mais pourquoi cette servante à torse
trop long, et ce militaire à torse trop court? Les
formes spéciales d'un modèle doivent-elles faire
oublier la nécessité des proportions?

Ne vous semble-t-il pas que M. Béroud se soit
surpassé, cette année, comme fini, comme éclat?
La Salle des conférences au Sénat et *la Galerie
des Bustes* sont deux toiles du meilleur faire et du
meilleur goût. Les tons sont très brillants, mais
justes, les portraits ressemblants. Le succès obtenu par M. Béroud prouve la justesse de notre
dire. Le public, quoi qu'on pense, n'est pas si ba-
daud qu'on veut bien l'insinuer. Il ne stationne
guère que devant les bonnes choses.

M. Lobrichon introduit dans son envoi le plus
réussi des... comment dirai-je?... Faut-il appeler
les choses par leur nom? Oui... donc, le plus réussi
des savetiers. *Un événement* arrive dans la rue.
Le bonhomme sort à moitié de son échoppe, comme
d'une boîte à surprise, pour regarder le sinistre.
Sa grosse tête curieuse fait un vivant contraste
avec les visages roses et effrayés des bébés que la
peur immobilise. M. Lobrichon appartient à l'espèce rare des charmeurs.

M. Alma-Tadema nous submerge sous un tel
déluge de feuilles de *Roses* que nous né savons
plus au juste où nous en sommes.

M. Chevilliard est un modeste, trop ignoré de

ses confrères, mais parfaitement apprécié des savants connaisseurs. Voyez sa merveilleuse sacristie: *Un instant de repos.* Regardez attentivement, de près, de loin, et dites si ce n'est pas du bon Meissonier, plus l'esprit.

Puisque nous y sommes, ne quittons pas les sacristies. *Dépêche-toi*, gâte-sauce, d'avaler le vin qui reste de la messe et que t'offre, en regardant autour de lui pour n'être pas surpris, ce petit diable d'enfant de chœur. M. CHOCARNE-MOREAU ne s'est pas encore trompé. Il va sûrement chaque année de succès incontestables en succès certains. Elève de Bouguereau, il est de l'école de Vollon. Sa peinture est solide et ses effets bruyants. Tous les Moreau ont du talent. Celui-ci tient, par je ne sais quel lien de parenté, au grand statuaire Mathurin Moreau, si populaire, si aimé, si... jalousé,... il faut bien le dire.

La *Femme de Tlemcen*, tout entière à l'amour maternel, pose sur son flanc grassouillet un bel enfant qui lui sourit. Des rideaux se sont levés dans l'atelier du maître, laissant passer un rayon de lumière intense qui éclaire son œuvre d'un jour tout nouveau. Depuis longtemps, on ne rencontre guère M. LANDELLE. Mais, par ses envois au Salon, il rappelle au public qu'il travaille et que, dans le silence de l'atelier, il fait toujours bien et mieux encore.

Une des toiles les plus remarquées au Salon est *Un accident à Saint-Martin du Tertre.* par M. Charles Frère. Sa pâle et navrante victime reste dans le souvenir. Triste !

Quant à M. Morlon, ses *Malédictions de l'aïeule* et *Au secours !* sont déchirants. Triste, triste !

Autre effroi : *Alerte !* Deux locomotives marchent l'une sur l'autre. Le train va voler en éclats. Nous sommes perdus! Les pieds sur les banquettes !!! Le chauffeur aura-t-il le temps de serrer le frein? C'est un solide gaillard qui ne manquera pas son coup. Mais quel tremblement nous a pris ! M. Sallé est le digne élève de M. Luminais.

M. Crochepierre, le peintre des vieilles femmes, nous donne *Berceuse.* Dans la secrète pensée des positifs, la vieille femme, fût-elle une mère, est considérée comme inutile, sinon malfaisante. Est-elle pauvre? il faut la soutenir. Est-elle riche? elle détient l'héritage. Quels droits a-t-elle donc encore à l'existence ? M. Crochepierre, qui peut-être possède quelque aïeule adorée, force tout le monde, par son talent, à aimer ces pauvres âmes oubliées dans des corps fanés, ces vieilles que nos cœurs à nous gardent précieusement comme des saintes reliques humaines, qui ont été notre commencement et dont nous serons la fin.

Pâris, représenté par un petit berger, de huit à neuf ans, est appelé à faire un choix entre trois déesses de son âge. Il offre la pomme à la plus coquette, une blondinette mignonne dont les cheveux s'auréolent de pâquerettes. Le gamin lui lance un regard en dessous très doux et très malin. Elle, par un mouvement charmant, croise ses deux mains sur sa poitrine, et ne cache pas, par son attitude, une grande envie de croquer la pomme. Minerve et Junon sont jalouses et vexées. Mais aussi pourquoi vont-elles pieds nus et n'ont-elles pas les jolies manières de leur rivale mieux habillée ?

Chacune de ces figures d'enfant est gracieuse, admirablement modelée. Ce *Jugement de Pâris*, œuvre délicate de M^mo Elisabeth GARDNER, est une merveille.

Le talent personnel de M. LAISSEMENT est toujours aussi fin, aussi spirituel que d'ordinaire. *L'Oncle et le neveu* sont vivants.

Passons vite devant le cancan réaliste, scène du Moulin-Rouge, que M. STECK intitule pompeusement : *Danse moderne*. S'il voulait bien ouvrir un dictionnaire, il lirait : « cancan », danse indécente, et non « danse moderne ».

Bien peintes, les *Noces d'or*, de M. HIRCHFELD. Mais, si nous n'avions pas consulté le livret, nous aurions cru qu'il s'agissait de quelque anniversaire de mort. Les yeux éteints des deux vieillards semblent voir en rêve des enfants regrettés. En Russie, c'est peut-être ainsi. Mais chez nous, quand on s'est aimé pendant cinquante.ans, on se dispose gaillardement au grand voyage, tout fier du lourd fardeau de ses amours. Les cinquantaines sont de joyeuses agapes, où nos aïeux comptent avec orgueil les fruits de leurs longues unions.

Les malveillants reprochent à M. PIOT de l'afféterie dans sa peinture. Pourtant *Fille d'Ève* et *Rêverie* sont de jolies choses bien désirables. Dans le monde des peintres, la trop grande beauté du visage est souvent à l'index, chez certains gros bonnets. Est-ce l'habitude qu'ils ont de voir leurs modèles italiens, dont les décentes beautés ne se montrent qu'aux endroits cachés?

5.

M. Étienne Leroux nous offre assurément un portrait dans *Examen histologique*. Le savant est trop bien réussi pour n'être pas arrivé. Cette peinture atteste de grands progrès chez le jeune artiste. Il se ramasse, prend son élan. C'est peut-être un vrai peintre qui nous vient.

Ne laissons pas passer inaperçue la *Lingère*, de M. Lecomte. On abuse trop des effets de lumière (feux de Bengale), pour que nous ne signalions pas cette étude si vraie.

PAYSAGE

Voici M. J. Breton sur *le Chemin du pardon*. La gloire, ce grand artiste le comprend, est une chose qu'il est bien difficile de se faire pardonner. Et le voilà s'appuyant sur une belle fille à corset rouge, s'enfonçant dans un grand sentier couvert, pour obtenir miséricorde par sa modestie. Mais l'on voit derrière lui la traînée lumineuse laissée par ses triomphes.

M. Français nous présente un *Soleil couchant* et *Dans les prés*, deux superbes toiles.

M. Busson le suit de près par le talent, avec *le Mur de l'ancien prieuré* et *Une matinée*. Ce peintre est le Corot de notre génération, aussi doux de ton, moins conventionnel, plus nature.

Aux Loups, près Bonny-sur-Loire, M. HARPI-GNIES a peint *Un matin* et *Un soir*. Où le maître prend-il ses sites, qu'un peu de recul rend tout à fait nature? C'est l'air du ciel avec les différences d'éclairage du jour qui vient et du jour qui s'en va. Comme tout est bien en place, sans efforts, ni moyens! Voilà des paysages comme on n'en invente pas.

Le Marais et *Moret-sur-Loing* sont deux beaux tableaux de M. YON. Son talent quelque peu rêveur se plaît au grand calme des rêves, dans l'air léger que rien ne trouble, près des eaux heureuses de refléter le ciel. C'est harmonieux et plein de vérité.

M. ZUBER a varié ses envois pour montrer son talent sous toutes ses faces. Qu'il nous peigne les *Floraisons d'avril* aux environs d'Artemare (Ain), ou *Septembre aux champs* dans la Haute-Alsace, c'est toujours franc, intime et bien vu.

M. BROZIK n'a pu résister à M. J. Breton. Il s'est laissé entraîner dans l'orbite que l'immortel décrit autour de l'art; et le voilà, lui aussi, peignant de magnifiques petits bonshommes dans des champs illustres. Qu'il nous soit permis de dire qu'il y ajoute une personnalité qui ne fait pas mal du tout. *La Rentrée des champs*, du « Brozik–Breton », est un mets très délicat.

M. Guillemet se signale par ses tons vrais et son faire facile. Il nous transporte dans les scènes qu'il peint. Voyez plutôt *Carrières–Charenton :* l'illusion est complète.

Prenons un lorgnon bleu pour regarder *Coup de midi Après midi d'automne*, de M. Gagliardini. C'est aveuglant comme le vrai soleil. Mais prenez-garde, monsieur, vous n'êtes plus seul sous votre astre ! Plusieurs de vos confrères y cherchent une place.

M. Darasse, dans *Un coin d'Anacapri*, en Italie, M. Simonson, un Anglais, lutinent aussi le soleil.

La Batteuse, de M. Rigolot, également. Et ses blés, sont-ils assez rôtis par l'été ?

Enfin, M. Etienne Martin a attrapé du soleil plein sa diligence. Son *Courrier* aura chaud en arrivant à Digne.

Bien d'autres artistes sont à la poursuite de l'astre fugitif : ils le cherchent jusque dans leurs rêves. C'est peut-être pour cela que, sur leurs toiles, le soleil se change souvent en clair de lune.

Bien compris les tableaux de M. SCHMITT : *le Quartier des chiffonniers* et *la Termoise, près Saint-Pol*. C'est soigné et si bien entendu!

Le Bain. Eh! quoi! monsieur TANZI, c'est vous qui faites de ces choses ? Vous nous forcez à nous voiler la face? Rien de moins indécent qu'une femme nue, telle que l'innocente nature l'a créée. Mais une femme, plusieurs femmes en chemise! Vous êtes bien heureux d'avoir tant de talent qu'il faut tout vous pardonner et regarder, quitte à aller se purifier dans le beau *Ruisseau sous bois*.

L'Avril de M. DEBAT-PONSAN embaume de senteurs printanières.

Monsieur GRANDJEAN, votre *Relai de côte sur la place de l'Alma* est sans doute exempt de tout reproche. Mais pourquoi prendre toujours notre Paris gris, triste, sous la pluie ? Nous avons du

soleil aussi, et nos arbres ont quelquefois des feuilles. Un Parisien comme vous ne devrait pas ne
nous montrer sa ville natale que dans les jours
de spleen.

On se souvient des représailles de M. CARL-ROSA,
coupant, l'an dernier, sa toile méconnue du jury
des récompenses. Plus clément cette année, il
nous a laissé *Matinée d'automne* et *Après-midi
d'automne aux bords de la Seine*, très agréables
à regarder.

Saint-Cloud en ruines, par M. TAUZIN, est un
chapitre d'histoire. « La nature oublie l'humanité
qui se souvient. » Il faudrait un volume pour
exprimer tout ce que la vue de cette peinture
suggère de réflexions profondes.

M. SCHAAN s'est fait avec succès le peintre du
Luxembourg. Il a compris en véritable artiste cette
belle *Fontaine de Marie de Médicis*, dite la Fontaine des amoureux, parce que des générations
successives viennent, près de ses eaux claires,
échanger des serments éternels, qui ne durent
pas même le temps de faire son droit ou d'user
un chapeau.

ANIMALIERS

M. Vayson ne se contente pas de peindre des paysages frappants de vérité, avec cette lumière argentée dont il est tout particulièrement frappé. Il les anime de personnages rustiques et de beaux animaux, comme dans l'*Offrande de la Bergère*. C'est la nature même, idéalisée par le peintre penseur.

Avant l'orage et *la Vallée d'Arques*, par M. Dupré, sont d'un faire solide et lumineux dont l'éclat défie tout éclairage. Ces deux toiles se tiennent ferme au Salon. C'est si vrai et si franc !

M. de Vuillefroy a gardé dans ses œuvres un reflet du soleil d'Espagne, et l'a répandu sur la *Venta dans la Sierra d'Avila*. C'est d'un coloris très gai.

Les moutons de M. Pezant sont bien beaux, largement faits.'Un peu de violet dans le terrain nous taquine, est-il permis de l'avouer?

Superbes, les *Chiens couplés* de M. Hermann-Léon !

Hallali d'un dix cors dans une mare et *Chiens d'équipage* seront disputés par les amateurs du grand monde et défendent bien la réputation de M. de Penne.

Dernier jour d'un condamné, dit Mlle Malbet. Pauvre rat! Blotti au fond du piège fermé, entouré par d'impuissants amis, qui usent en vain leur museau rose aux barreaux de sa cage, il doit penser tout ce qu'écrivait le condamné à mort de Victor Hugo, s'il est vrai, comme le disaient nos pères, que tout est dans tout.

MARINES

––––––

M. Renouf, retour d'Amérique, est encore tout
à ses souvenirs de voyage. *Les Chutes du Nia-
gara* et *Brumes du matin* sont deux belles toiles,
où il y a beaucoup d'observation, de science, de
talent. Le peintre n'y est plus l'homme du travail
ardu, de la désespérance après le naufrage. Il
regarde et admire. Un jeune artiste a raison de
se montrer sous des aspects différents. Mais quand
il est arrivé à la hauteur qu'avait atteint M. Renouf, il gagne rarement à changer. Enfin! c'est
un autre Renouf que nous voyons, toujours avec
sa force primitive. Cependant nous aimions mieux
l'autre.

M. Emile Maillard sort des rangs pour nous
montrer son *Vapeur échouant en dehors des jetées.*

Aux péris en mer, par M. DÉMAREST, a pris le
public par l'émotion. « Chaque année les familles
« des marins disparus se rendent processionnelle-
« ment au bord de la mer, et, après les prières
« des morts, jettent dans les flots des couronnes
« et des fleurs. » Un musée ne peut manquer de
s'approprier cet éloquent tableau.

A côté d'un débris de navire presque entièrement
enseveli dans le sable, s'éparpillent des os de mort.
C'est tout ce qui reste d'un naufrage. Mais, dans
l'air, une vision diaphane reproduit le passé. Le
navire voguait, rutilant, pavoisé de riches orne-
ments. Les passagers, jeunes et joyeux, s'enivraient
du bonheur de vivre et d'aimer... Voilà ce qu'a
très bien reproduit, dans son *Mirage*, M. ROUX.

De quelles sombres pensées a donc été hanté
M. DELACROIX dans *la Lutte pour la vie?* C'est
bien conçu, mais inquiétant. Darwin a dit : « les
espèces fortes détruisent les espèces faibles. » C'est
l'esprit du beau tableau de M. Delacroix. Dans
un bateau, secoué par les vagues furieuses, des
hommes taillés en hercules, « l'espèce forte », précipitent dans la mer des femmes et des enfants,
« l'espèce faible ». Mais alors, ce n'est pas seulement le triomphe des muscles? Si les hommes dé-

truisent les femmes et les bébés, ce n'est plus la
lutte pour la vie : c'est la fin du monde.

Entendez-vous *la Marseillaise chantée par des
pêcheuses* de M. Eugène FEYEN ? Nous l'entendons, tant ces belles filles lancent hardiment dans
l'air leurs voix puissantes.

La *Grande marée* de Mme Frédérique VALLET
est prise sur le fait, entre la nature et l'impressionnisme, sur la limite qui sépare la peinture du...
barbouillage. Pardon ! le mot est lâché. Nous com-
prenons très bien qu'un artiste, pressé de rendre
l'impression reçue, prenne le pinceau trop grand
et le temps trop court ; mais encore faut-il que ces
« précipités » ne soient pas trop inférieurs aux en-
seignes de boutique et aux affiches des rues. S'il
n'y a pas de frein aux trains lancés à grande vitesse vers l'inconnu de l'« art-vapeur », des tam-
ponnements fous, comme ceux produits à l'exposition de la Société Nationale, sont inévitables.
Mme Vallet s'est tenue dans la mesure voulue.

NATURES MORTES

La splendeur des natures mortes éclipse, en 1893,
tout ce que nous avons vu aux dernières expositions. Les cuivres, les faïences, les cristaux, les
aiguières, les émaux, les perles, les bijoux, les
bibelots de toute sorte, les étoffes, les dentelles,
les fruits, les fleurs ruissellent avec des éblouissements irrésistibles.

Les Cuisiniers de M. BERGERET se mettent à
l'œuvre, mus par l'amour de leur art, épluchent,
battent, préparent à qui mieux mieux légumes,
œufs, volailles, et déjà nous sentons s'allumer en
nous les convoitises les plus gourmandes.

Ne décorera-t-on jamais M. MONGINOT ? *Au
chaud* et *le Paon au soleil* sont pourtant des
toiles de premier ordre.

Cette fois M. Eugène CLAUDE aurait dû décrocher sa seconde médaille *Chez la fruitière*. On ne comprend pas l'abstention des jurés.

M. FOUACE nous présente des *Fruits* de son jardin. Toujours très fort, M. Fouace.

On conteste beaucoup son *Coup double*, nous ne savons pas trop pourquoi. Affaire d'éclairage sans doute.

Descendons *A la cuisine*, pour rendre un hommage éclatant au talent de M. ROUBY.

Ses *Giroflées*, embaumant tout le Palais, nous empêchent d'oublier les fleurs.

La folie des chrysanthèmes sévit toujours avec intensité dans la peinture comme dans le pastel et l'aquarelle. Aussi nos contemporains atteignent-ils la perfection dans l'étude de cette radiée.

Il n'est pas jusqu'à Mlle Marguerite FLOCON qui ne se mêle d'étudier son bouquet de *Chrysanthèmes* en baissant modestement ses grands yeux et en murmurant :

« Moi, je ne suis pas un peintre, je n'ai point la prétention d'être une artiste. »

Et pourquoi donc ? Pardon, mademoiselle, vous
êtes une artiste. J'en appelle à tous ceux qui ont
vu votre essai. Mais vous allez vous envoler sans
doute dans le mariage. Adieu ! pinceaux.

Un magnifique flacon nous réserve sa liqueur
précieuse sur la toile de M. WIART, élève de
M. Blaise DESGOFFE, un professeur qui ne garde
pas son talent pour lui seul. Cela n'est pas aussi
commun qu'on peut le croire. Donner à un élève
toute la science acquise, lui en confier les secrets,
lui insuffler un peu de son âme d'artiste, c'est
comprendre dans toute sa noblesse la mission du
maître, grand mot dont on affuble, sans distinction
de valeur, quiconque tient un pinceau.

S'appeler Blaise Desgoffe, rendre à merveille
Broc d'ivoire aux fins reliefs, verre d'agate, ceinture de perles et d'or émaillé, sardoine oriental,
magnifique étoffe rouge, c'est admirable. Mais
produire un Wiart, voilà qui est mieux encore ;
car, si le maître passe, l'école demeure. Celui-
là uniquement restera grand dont les élèves conti-
nueront l'œuvre.

Le Roastbeef à l'anglaise de Mme DUBRON est
très bien peint. Mais combien est naïf ce mot « à
l'anglaise » désignant la façon dont les Français
font rôtir ou plutôt ne font pas rôtir la viande ! Une

jolie femme de mes amies me disait, de l'air le plus
délicat du monde : « Pour qu'un rôt soit à point, il
faut qu'il soit fait dans une cuisine où l'on n'a pas
allumé de feu, même la veille. » Peut-être ce rôt
sera-t-il excellent : c'est sans doute celui de
Mme Dubron. Mais pourquoi prétendre qu'il est
« à l'anglaise »? Les Anglais sont les premiers
gourmets du monde pour leurs rôts, et se gardent
bien de les manger crus. Ils laissent aux Parisiens le monopole des viandes étrangères aux
fourneaux.

Quel est donc ce M. Emmanuel Rousseau que
nous voyons dans *Un coin de cuisine* avec ces merveilleux oignons? Voilà de bonne peinture.

RELIGION

———

Le Christ erre dans les salles de peinture. Les tableaux de sainteté reprennent droit de cité.

Quelques-uns, tout en marquant leur passage dans l'histoire de l'art ne sont guère que des poëmes mystiques. Mais il en est d'autres qui, par leur large conception, par le talent avec lequel ils sont traités, s'imposent à l'admiration des incrédules mêmes, et les forcent à respecter le sujet qui les a inspirés.

Le *Christ mort* et la *Vierge rédemptrice*, de M. Henri LÉVY, sont, chacun dans leur genre, des tableaux dont se dégagent des idées abstraites et des pensées très élevées.

Dans *la Vierge rédemptrice*, le tentateur légendaire n'est pas représenté par quelque anguille tortillée ou par une misérable vipère hérissée d'ailes de chauve-souris. C'est un être puissant, homme jusqu'à la ceinture, se terminant en serpent colossal et enveloppant, capable d'étreindre des mondes. Il est beau pour séduire, et ses immenses ailes d'hirondelle lui permettent de planer sur l'humanité.

Force dangereuse! Symbole beaucoup plus vrai que les monstres verts ou noirs, par lesquels on nous représente le diable ! Si le mal était ainsi fait, tout le monde se sauverait devant lui. Ici l'artiste nous le présente dans sa grandeur décevante. C'est bien le maître de la brute sans pensée, le grand meneur du genre humain. Mais passe là Vierge, la mère chaste. Sur un de ses bras repose l'enfant dans toute l'innocence tranquille de ce qui « sera »... Elle passe sans autres armes que sa pureté. Et, au seul contact de son petit pied, le mal s'abat lourdement, comme l'oiseau sous la foudre. Le tableau est de petite dimension, mais la conception en est magistrale. Et l'on dit que M. Lévy est israélite!... C'est bien bizarre !

M. Doucet abandonne cette année la femme pour le dieu. Son *Christ mort* est saisissant.

Ruth, de M. Landelle, nous montre la beauté rêveuse des femmes orientales dans le chaud printemps de leur première jeunesse. *Ruth* et toutes ses pareilles, réalités un peu visions, ont fait le grand succès de M. Landelle.

Il est impossible de s'arrêter devant le tableau
de M. DANGER sans se sentir ému jusqu'au plus
profond de l'être. Sur un champ de bataille jonché
de cadavres, de villages incendiés, la nuit tombe
lourdement. Dans son ombre, le Christ descend, et
passe d'un pas triste et lent. De la main, il se
voile les yeux devant ce qui s'offre à sa vue. Et
l'on entend dans l'air comme un immense soupir
disant : « Pourtant, voici le commandement de
Dieu : *Aimez-vous les uns les autres.* » Prophètes,
philosophes, soyez plus éloquents que ce soupir,
si vous l'osez.

Un Dimanche de procession, par M. GUIL-
LOU ; *la Communion chez les Bénédictines,* de
M. Émile RENARD, sont des toiles remarquables à
tous les points de vue. Une sainteté mystérieuse,
une puissante piété se dégagent du tableau de
ce dernier. C'est si sincère, qu'on a envie d'ôter
respectueusement son chapeau devant ces convaincus se mouvant dans l'ombre douce du
temple.

On doit à M. J. BENNER une de ces heureuses
créations qui ne s'oublient pas : *Dans la crypte
du couvent des Capucins à Palerme.* Ce *De Pro-
fundis* le fait passer maître.

Prière des humbles. La grande idée de Dieu peut échapper aux heureux : ils n'ont pas besoin de cette « hypothèse ». Mais tout ce qui souffre, tout ce qui pleure tombe à genoux et prie l'idole ou le dieu, Çakiamouni ou Jésus, qu'importe ? Le faible appelle le fort à son secours, et qui sait s'il n'est pas entendu, si l'ardente invocation de la prière n'est pas le levier puissant qui élève les petits et abaisse les grands ?

M. Geoffroy peint de la philosophie religieuse avec un bien grand succès.

Le tableau de M. Jean Brunet est plus terrifiant que divin, mais c'est la volonté de l'artiste qu'il soit ainsi, et cette originalité contribue à la valeur de l'œuvre. Avons-nous bien compris son *Dernier cri du Christ?* Ce n'est pas, selon nous, le cri poussé par l'Homme-Dieu au Golgotha, mais le grand soupir du catholicisme agonisant... qui va sans doute descendre aux enfers, quitte à ressusciter, non pas dans trois jours, mais dans des siècles, car, pour l'Écriture, les dates ne sont que des images.

Le sort qui attend *les Puritaines* de Mlle Du Mond est effrayant. On est saisi de pitié à l'aspect de ces pauvres femmes sur lesquelles d'affreux sauvages tout rouges et tout emplumés fondent

en cassant les vitres. Mlle Du Mond nous autori-
sera certainement à lui faire tous nos compliments.
Mais nous permettra-t-elle d'ajouter une question?
Pourquoi la femme du premier plan, à gauche, est-
elle si peu faite? Cela lui donne un air d'être en
bois qui nuit au tableau.

PORTRAIT

C'est par les portraits surtout, nous l'avons dit,
que l'école française domine avec le plus de puissance. Nos personnages du jour, essentiellement
pratiques ou poseurs, sont raides; nos costumes
d'hommes sont affreux; mais le talent de nos
artistes est tel qu'il triomphe de ces aridités.
N'ont-ils pas d'ailleurs là, comme en toutes choses,
les femmes pour se consoler? Celles d'esprit bourgeois veulent leur portraiture dans les robes à la
mode, chose charmante pendant quelques semaines. L'actualité est toujours séduisante, et, si
l'on pouvait peindre une élégante dans la toilette
qui fera fureur un an plus tard, il n'y aurait pas,
pour le monde féminin, de tableau plus intéressant au Salon. Mais laissez passer l'hiver sur ces
toiles de printemps: les robes auront vieilli et les
femmes aussi. Après dix ans, ces belles n'auront
plus d'âge sous leur accoutrement démodé dont
l'égayant ridicule rejaillira jusque sur l'artiste.

« Comment, dira-t-on, ce portrait est de X...?

« Qu'il a changé! C'est terne, » ou : « C'est noir!
« Ses tableaux ne tiennent point. Et cette pauvre
« Mme ***! elle était déjà jolie, à l'époque de ces
« modes. Il y a au moins trente ans de cela! Je
« la croyais plus jeune. » Un éclat de rire par
là-dessus, et tout est dit. Aussi les femmes,
artistes par état, par goût ou par tempérament,
évitent-elles avec soin ces errements. Elles se
font pourtraire dans des costumes dont le bon
goût est consacré par le temps et que le lendemain ne peut pas caricaturer : celle-ci en marquise,
cette autre en paysanne, en Japonaise, ou bien
encore drapée dans quelque riche étoffe. Les
siècles peuvent passer sans leur ajouter un jour.
Et, quand elles ont vieilli, elles peuvent du moins,
en regardant leur image, se retrouver un instant
jeunes comme autrefois. Nos bons portraitistes,
qui ne font pas toujours ce qu'ils veulent avec
leurs clientes dorées, arrivent pourtant, par des
désordres de rubans, des détours de dentelles, des
combinaisons de gaze, à neutraliser les dangereux
effets de la mode au point de vue rétrospectif.

C'est pour le critique français un grand bonheur
que de voir grandir ses contemporains. Qu'un
jeune artiste s'efforce de progresser pour entasser
récompenses sur récompenses et avancer dans sa
carrière, c'est logique : il travaille pour lui. Mais
qu'un homme arrivé au faîte travaille, étudie, pro-

gresse encore pour la seule gloire, voilà qui est
mieux. MM. Bonnat et Jules Lefebvre donnent
ce bel exemple à toute leur école.

Il n'y a qu'un cri d'admiration sur les portraits de
Mme *B...* et de *M*^me^ *T...,* envoyés par M. Bonnat.

Quant à M. Lefebvre, les meilleurs portraits
qu'il ait faits sont ceux de *M*^me^ *V*^ve^ *Émile Raspail*
et du *général Brugère,* bien évidemment. Il incline cette année du côté de M. Bonnat comme
solidité et énergie.

*Lord Dufferin et Ava, ambassadeur d'Angle-
terre,* et *Lady Hélène Vincent* viennent d'ouvrir
à leur peintre, M. Benjamin-Constant, les portes
de l'Institut. Ils ont failli lui donner aussi la médaille d'honneur; mais on ne peut pas tout avoir
en même temps, et M. Benjamin-Constant a cédé
de bonne grâce le pas à ses confrères.

Un des chefs-d'œuvre du Salon, c'est le *Portrait* peint par M. Aimé Morot. Les artistes s'y
rendent le matin en pèlerinage, et, quand on leur
demande où ils vont, ils répondent comme Michel-
Ange : « Nous allons étudier. »

M. Cormon vise aussi l'Institut avec son portrait
du *R. Père Didon*. Quel intéressant artiste au
talent chaud, comme animé d'un souffle puissant!

M. Chartran nous représente un irrésistible
préfet de police, *M. Lozé*. Si l'original ressemble
au portrait, c'est le plus charmant joli garçon qu'on
puisse voir : aimable, doux, spirituel. Et l'on
prétend qu'il est ressemblant!!... Quel beau ca-
sier judiciaire il va faire à M. Chartran!

M. G. Ferrier, dans son portrait-buste, habillé
de bleu, donne une précieuse leçon de modelage
par le système des hachures. Ce moyen, plus fré-
quemment en usage dans le pastel que dans la
peinture, est employé par nos maîtres avec beaucoup de mesure. M. Ferrier s'en est servi partout.
En s'éloignant un peu, cela fait très bien. Le portrait de *M*ⁱˡᵉ *C...* est à méditer.

M. Saintpierre, nous l'avons dit souvent, est
un artiste de premier ordre, qui a gardé de la tradition les irrésistibles secrets. Le portrait de
*M*ⁱˡᵉ *M. F...* et *Vénus* sont la séduction même.

C'est presque par hasard que M. Comerre qui
expose *M*ᵐᵉ *G, de T..,* et *M*ⁱˡᵉ *Geo C..,* a fait

ses débuts comme portraitiste par sa *Japonaise*
dont le succès est resté inoubliable. Toutes les
grandes dames de courir chez lui pour être peintes
gracieuses, élégantes, et... jolies. Entouré, en-
trainé par ses clients et surtout ses clientes, le
jeune artiste a remis de jour en jour l'exécution
des grandes toiles rèvées aux heures où la muse
parle en maitresse. N'avait-il pas du temps devant
lui? Prix de Rome, hors concours, décoré, il pouvait attendre.

Mais, si l'on fait des portraits pour rester peintre
à succès, et un peu pour s'enrichir, on fait des tableaux pour soi, pour être heureux et se retrouver
dans le sujet de son choix, pour mettre son génie
au service de son rêve d'art.

On ne peut pas s'appeler Léon Comerre sans
rêver de médaille d'honneur, d'Institut. Et nous
n'avons pas perdu l'espérance de voir quelque
jour le jeune maître s'échapper triomphant de tous
ses lauriers commandés pour se révéler à nous
« lui » tout entier.

Mme Consuelo FOULD, son élève, ne montre cette
année qu'un portrait, mais un portrait exquis,
celui de Mme *Jean Rameau*, du Chaplain rehaussé
de Comerre, une très jolie brune au teint clair,
aux lèvres un peu accentuées. Un regard de créole
et un front de muse donnent à cette belle personne
un air tout à fait étrange. Vêtue de rose, dans

son fond rose, elle retient une fourrure blanche
sur son joli bras rond tout animé par les reflets
de sa robe. L'artiste a fait preuve d'une délicatesse de touche et d'un sentiment de la forme qui
la classent du premier coup parmi nos meilleurs
portraitistes.

Nous montrons un si grand faible pour M.
MACHARD qu'on ne nous permet plus de nous pro-
noncer sur ses œuvres. Mais, aussi, regardez son
portrait de *Miss B...* Peut-on imaginer quelque
chose de plus distingué, de plus simple et de plus
original à la fois ? M. Machard n'est pas tout le
monde. C'est un de ces purs dont la grandeur
de sentiments se réflète sur la peinture. Il y a
dans ses œuvres quelque chose de noble et d'élevé.

Trônant sur ses succès, M. YVON semble nous
dire du haut de sa grande barbe : « Dessinez
comme moi, si vous pouvez ! Cela n'empêche
pas d'avoir une bonne couleur, et je le prouve.
Voyez plutôt le portrait du *Docteur Auvard* et
celui de *M. Grélot, secrétaire général de la préfecture de la Seine.* » Pour ses derniers tableaux, le maître a voulu léguer à la postérité
deux chefs-d'œuvre[1].

1. Adolphe Yvon est mort en 1894.

M. J.ACQUET, splendide coloriste, s'est inspiré
d'une grande dame pour faire un ravissant tableau.
Cette belle personne, dans sa molle tunique rehaussée d'une peau de tigre, aligne sur un album
de très jolis dessins du bout de son crayon taillé
en stylet. Ce portrait, intitulé *le Dessin*, restera.

M. Jean GIGOUX est toujours original dans son
faire lumineux. Quel beau portrait de penseur et
d'écrivain que celui de *Victor Considérant!* La
personnalité est bien réellement la première des
qualités chez un artiste. C'est elle qui l'empêche
de vieillir et lui laisse jusqu'au dernier jour, la
fraîcheur de la jeunesse [1].

Une jolie chose: la dame en bleu, Mme X..., par
M. Marcel BASCHET. La tête est surtout charmante. Cet artiste s'est fait une heureuse spécialité des portraits de petite dimension. Il défie tous
rivaux dans ce genre.

Une révélation, c'est le portrait de *M. Jacques
M..*, par M. VOLLON fils. Quel bijou !... et son
Pierrot!!
C'est qu'il a de qui tenir.

1. Jean Gigoux est mort en 1894.

M. CH. BRUN a fait d'étonnants progrès. Un peu
parent de M. Cabanel, auquel le rattache aussi
son talent, il se souvient du maître. Son portrait
de Mme de S..., en robe sombre, est d'une excellente facture.

Mlle LE ROUX, digne fille de son père, a envoyé deux jolies toiles : *Sédilia*, ravissante jeune
fille, genre Comerre, et le portrait de $M^{lle}M$. G...,
en costume d'atelier.

Le cœur est un peu gros quand on rencontre
le portrait de Mlle R..., par Mlle BILINSKA. Le modèle, triste et tout en noir, semble porter le deuil
de la pauvre artiste qu'on aurait bien dû, pour la
dernière fois, mettre sur la cimaise. Mlle Bilinska
était jeune, elle avait beaucoup de talent. Elle
s'en est allée par les étoiles. Est-ce la peinture
qui tue ces jeunes artistes [1] ?

Mais causons plus gaiement, par exemple du
portrait de Mme *Séverine*, signé BEAURY-SAUREL.
Cet excellent portrait, un peu contesté comme
ressemblance, non comme talent, est fait avec une
maëstria fougueuse et juste. Les discussions, qui

---

1 Anna Bilinska est morte en 1894.

s'engagent tous les jours devant l'image de l'intéressant écrivain, donnent le plus vif désir de connaître l'original. Ceux qui l'ont vue s'écrient : « Ce n'est pas elle ! » Ceux qui ne l'ont pas vue, mais lue seulement, disent : « On ne se la représente pas du tout ainsi. » Et pourtant, c'est peut-être très exact. Mais aussi comment peindre l'esprit ?

Nous ne quitterons pas Mme Beaury-Saurel sans lui adresser tous nos compliments sur son *Écrivain public*, pastel bien troussé à l'espagnole.

Un des plus intéressants portraits du Salon, c'est sans contredit *Rosa Bonheur* dans son atelier, par Mlle ACHILLE-FOULD.

L'artiste porte le costume d'homme qu'elle ne quitte que dans les circonstances de stricte obligation, la blouse bleue d'Auvergne.

Pour comprendre à quel point ce tableau intéresse non seulement les Français, mais encore les Anglais, et surtout les Américains, il faut savoir combien est fermé ce sanctuaire : l'atelier de Rosa Bonheur, le plus grand peintre animalier de notre époque. Cette vérité, absolue dans le Nouveau monde, pourra peut-être étonner notre jeune génération française, parce que Rosa Bonheur, par sa noblesse de caractère, a voulu rester étrangère à toutes les intrigues qui dévorent le monde

artiste. Forte d'une réputation acquise dans le
l'univers entier, sans ambition personnelle, n'ayant
qu'un culte, le grand art auquel elle voue son
génie et sa vie, elle s'est enfermée seule vis-à-vis
de la nature, ne comptant plus qu'avec la postérité.

Meissonier marchait de pair avec elle. Meissonier n'est plus. Elle est seule forcée de fermer
sa porte pour éviter l'obsession des solliciteurs qui
viennent la supplier de leur faire des tableaux
qu'ils payent à prix d'or. Pas un autre peintre
n'est réduit à cette douce extrémité, fût-il constellé
de médailles et membre de l'Institut. Rosa Bonheur
n'a jamais rien demandé à personne, et, quand
elle fut décorée, l'impératrice des Français elle-
même lui apporta la croix dans son atelier.

La grande artiste est bien telle que l'a représentée Mlle Achille-Fould, spirituelle, bonne, aimable et fine. Ce n'est pas seulement un maître
en peinture, c'est un grand philosophe à la con-
versation enchanteresse. Mme Séverine disait, après
l'avoir vue seulement une fois : « Elle n'a pas
d'âge. Ce n'est point une femme, c'est une âme. »
Mlle Achille-Fould a rappelé cette phrase par l'expression qu'elle a su donner à la grande artiste.

Ce portrait marquera dans l'histoire de l'art, parce
qu'il reproduit des œuvres que Rosa Bonheur était
en train d'esquisser, et dont elle a surveillé elle-
même la copie faite par Mlle Fould sous ses yeux.
La grande toile de droite, où se voient des che-

vaux, est vendue par avance 300.000 francs à
M. Tédesco. *Les Lions* appartiennent à M. Lefebvre, de Londres. Tout est minutieusement
reproduit dans cet atelier du château de By, où
Rosa Bonheur habite depuis de longues années.
L'artiste qu'elle a connue enfant et dont elle a
fait choix pour fixer dans le souvenir cette scène
intime, s'est efforcée de s'élever à la hauteur de
sa mission. Depuis l'ouverture du Salon, le public se presse devant cette œuvre attrayante
Mlle Achille Fould a droit d'être fière des hautes
marques d'approbation données à son jeune talent.

Un monsieur américain d'Indianopolis expose
une fillette claire de ton, tricotant sur un fond
clair dans le grand jour de midi que laisse passer
une fenêtre blanche. La jeune fille s'appelle *Clo-
tilde* et le peintre M. DESSAR, un fanatique de la
lumière.

M. Désiré LUCAS a fait une coquette peinture
d'après *Mlle T.-J. D..*, Cette jolie brune, avec
son béret, est toute gentille. On l'a mal pla-
cée, mais cela ne l'empêche pas d'arrêter les pas-
sants.

Singulière peinture que celle de M. BUKOVAC,
un Autrichien. La figure de son évêque, *Mgr J.-J.*

Strossmayer, est transparente comme un brouillard, mais si fine, si spirituelle, que la ressemblance doit être frappante. Généralement messieurs de l'Eglise ne sont pas des sots.

Très beaux les portraits exposés par MM. CA-
BANE, GIACOMOTTI, SAUBÈS, SALGADO, QUINSAC.
Quant à l'ami *Flégier*, il n'est pas à plaindre d'a-
voir un aussi joli portrait que celui de M. TANOUX.

***

En somme, grâce à l'expérience et au goût de
MM. Prétet et Vigneron, qui ont le secret des dispositions harmonieuses, l'Exposition est des plus
réussies. Les mauvaises toiles, — il y en a très peu
cette année, — sont autant que possible escamotées
dans l'ombre des autres par ces magiques arran-
gements, comme elles sont dissimulées ici par
notre silence, pour l'agrément de tous. Le Salon
de 1893 offre un aspect des plus agréables. La
jeunesse y a mis sa fraîcheur, les grands maîtres
ont donné de magnifiques œuvres, et le Palais dit
de l'Industrie se montre bien, cette année, le Palais
des Arts.

SALON DE 1894

SALON DE 1894

Le Vernissage, c'est le triomphe de la jeunesse
et de la beauté. Au Grand Prix, on ne voit que
les chevaux : au Salon, où l'on cherche le beau,
on ne voit que les élégantes. Les tableaux, les
sculptures sont pour le lendemain, et c'est justice :
dans le temple de l'Art, la femme passe en
premier.

Allons, Mesdames, vite chez les bonnes fai-
seuses, chez les premières modistes. La nature se
pare, faites-en autant.

Accourez belles mondaines, tout soie et diamants, capiteuses Parisiennes, taille serrée, petit
pied, flots de cheveux, parez-vous de chapeaux
nouveaux, de robes étonnantes et chargées de sou-
rires perlés, de regards lumineux, abattez-vous
sur le Palais de l'Industrie comme des fleurs
volantes.

C'est le Vernissage !

Sportsmen à l'œil en flèche, artistes au cerveau de flamme, au cœur haletant après un an de courses, accourez tous : c'est le vernissage !

Entrons dans le sanctuaire où sont accumulées tant de richesses artistiques, tant de fragments d'âme. O temple ! sois propice à ceux qui ont donné le plus pur de leur vie à la recherche des splendeurs du vrai. Le cœur nous bat, — il y a beaucoup de marches à monter ! — mais en haut, c'est pis. Toutes ces harmonies de couleurs produisent l'effet de la musique, et précipitent la circulation du sang. Un monde, sorti du cerveau humain, surgi de ces milliers de toiles, — monde tout passion, fable ou rêve, assoiffé d'idéal, — nous excite, nous transporte et, dans ses efforts suprêmes vers le beau, nous enlève tellement au-dessus de nous-mêmes, que nous oublions la terre sous nos pas.

Venez vite, allons au plus pressé, car le chemin est long et le temps est court.

ALLÉGORIES

M. Bouguereau ouvre une huître. Voici *la Perle,*
frissonnant au premier contact de l'air, surprise,
effarouchée dans ses pudeurs par le soleil qui baise
ses genoux. Elle cache de ses mains fines sa jeune
poitrine, et abrite sa tête aux longs cheveux noirs
dans l'ombre de la coquille entr'ouverte. Sa bouche
rose boit l'air avec délice. Légèrement rosée par
la fraicheur, bleuie par le reflet du ciel, sa peau
nacrée a bien l'aspect des grosses perles qui roulent çà et là comme des larmes de joie.

O jeunesse impuissante qui te cabres devant les
réputations consacrées, jeunesse ardente que l'obs-
tacle irrite, écoute : Bouguereau, le maître des
chairs et des nus, a recommencé trois fois son tableau fini pour arriver à saisir les secrets moyens
d'atteindre au ravissement.

Aussi de M. Bouguereau, l'*Innocence,* tenant
tendrement son agneau blanc dans ses bras, pure,

naïve comme une pensée de jeune fille. Il émane
d'elle ce charme inénarrable que seul le peintre
des vierges sait donner à l'adolescence. Avec
quelle plume pourrait-on rendre le charme qu'in-
spirent de pareilles œuvres?

« Une bonne peinture, dit M. Bonnat, peut être
vue de dessous tout aussi bien que de face. Il n'est
pas nécessaire, pour faire un plafond, d'écraser
des personnages, d'écarteler des édifices, de re-
tourner des escaliers, tours de force dont la vue
nous donne le mal de mer. Une bonne peinture
doit pouvoir se regarder de partout. » Et il le
prouve. D'un seul coup, il supprime ces divagations anatomiques.

Le *Triomphe de l'Art* est aussi le triomphe du
maitre, qui, dans ce plafond, traite l'allégorie à la
manière des Michel-Ange et des Vinci. L'Art est
superbe, lancé dans l'immensité sur son coursier
blanc ailé. Il nous emporte vers l'avenir, en plein
éther où des colombes voltigent, pendant que des
hiboux retournent sur la terre, que le serpent de
l'Envie rentre en rampant dans son obscurité.
L'Ignorance et la Barbarie s'effondrent lourdement dans le Néant, deux beaux corps de brutes,
matière sans idée qui va se dissoudre à jamais
sous la chaude lumière de l'esprit. La Gloire couronne l'Art, et M. Bonnat par la même occasion.
C'est d'une envergure, d'une puissance d'exécu-

tion qui écrase tout. L'ensemble est superbe et
d'une perfection de détails absolue. Point de comparses encombrants, beaucoup d'air. C'est simple
et grandiose.

M. Bonnat, avec son air modeste et triste qu'on
prend pour de la froideur, reste indécis devant sa
grande œuvre, et semble se demander : « Ai-je eu
raison de faire cela ? »

Oui, vous avez eu raison, mille fois raison !
C'est la puissance de votre pinceau, jointe à l'énergie de nos maîtres, qui garde encore nos jeunes
peintres des sylphes bariolés qui hantent les am-
bitieux d'effets nouveaux. Elle les préserve de
cette maladie contagieuse, appelée par les bourgeois : « la manie des couleurs folles ».

Pour la belle femme nue de M. WENCKER, aux
cheveux blé mûr, le nom de *Nymphe* n'est,
croyons-nous, qu'un voile de pudeur ; car elle est
bien femme, et c'est tant mieux. A la place de
Diane, elle n'aurait certes pas la cruauté de changer en cerf l'heureux Actéon qui la surprendrait.
On sent courir sous sa peau un sang vif, généreux.
Tous les désirs de la jeunesse et de la vie tendent
vers cette blonde attrayante, pleine de sève et de
jeunesse. Comme la Vénus de Milo, elle ne sacrifie
rien de ses beautés naturelles, de ses flancs d'ivoire
où se perpétuera l'humanité, de ses attractions
brûlantes de plein été. Que chasse-t-elle ? Des ad-

mirateurs? Elle n'en manquera pas plus au Salon
que dans les bois.

Trop souvent, les artistes chargés de peintures
décoratives se laissent aller à un faire lâché qui
force à ne regarder leurs panneaux que de très
loin. M. COMERRE ne s'est pas heurté à cet écueil.
Dans sa grande et lumineuse toile, le *Rhône et la
Saône*, destinée à la Préfecture de Lyon, on retrouve toutes les souplesses de son pinceau. C'est
largement, hardiment compris, mais sans oubli du
grand art.

Le Rhône, avec ses flots torrentueux et lourds,
a la force imposante d'un fleuve sorti des cimes
alpestres. Fier et majestueux, assis sur son rocher,
il regarde venir à ses pieds la Saône blanche,
souple, roulant des ondes plus tranquilles, nymphe
ondulante et pâmée, déjà sans forces, couchée
dans l'eau qui la voile comme un linceul. Les
bras étendus en avant, elle se précipite, mourante, dans le gouffre. Son beau corps a des lignes
si gracieuses qu'on se demande si ce n'est pas
d'amour qu'elle meurt et se jette dans les bras du
fleuve qui l'emporte à la mer.

La composition est allégorique, mais l'exécution
reste comme il convient dans la vérité. La robus-
tesse du fleuve est opposée à la gracilité de la
rivière. Le Rhône, colossal dans sa majesté, est
solidement construit. C'est bien de l'eau qui tombe

des rochers, alourdie par son courant rapide qui
entraîne la Saône. Pour blanche et nacrée qu'elle
est, cette Saône, apportée par ses flots, n'en est
pas moins une femme admirablement faite. Tout
l'ensemble s'impose dans le magnifique panneau
de M. Comerre.

La *Ronde de Mai*, de M. P.-L. Glaize, est une
vision de printemps. La jeunesse, sous la forme
d'une jeune fille entourée d'amours, s'en va sous
les bois, cueillant des roses.

*Œdipe vainqueur du Sphynx, Deucalion et
Pyrrha*, par M. Lévy, sont deux toiles d'une poésie fouillée, fabuleusement traitées dans la manière serrée dont cet artiste sait envelopper les
riches teintes du rêve.

Il faut voir et revoir *Douleur*, de M. Henri
Martin. Ce n'est pas seulement un tableau, dont
la perspective profonde ne se révèle qu'à l'attention soutenue, dont la « désolée », au voile transparent, ne s'anime qu'au second examen. C'est
un livre, qu'il faut lire et relire, pour en être ému
après en avoir été d'abord étonné.

Dans une sapinière sans verdure, sur une terre
sans herbes, une femme, une ombre plutôt, vêtue,

voilée de noir, la tête basse, couronnée d'épines, va restituer au Créateur qui le lui a confié son cœur meurtri, mais non souillé. Elle le porte comme une relique sacrée, sanglante, lumineuse, divinisée par la souffrance. Toute la vie de la femme pure est là, et l'on se sent remué au tréfonds de l'être.

En dehors des succès obtenus par le peintre, il y a chez M. H. Martin un autre artiste que celui que nous connaissons, et qu'il connaît lui-même.

C'est le soir. Orphée erre à la recherche d'*Eurydice,* dont il fait retentir le nom entre une terre aride et un ciel vide, dans une de ces natures désolées qui disent : « Que venez-vous faire sur la terre ? » Le poète, qui va mourir, chante encore : C'est l'appel déchirant de l'amour qui pleure à l'amour absent, œuvre d'un charme doux et triste, soupir perdu dans l'indifférente nature.

Primerose, beauté encore frileuse sous les souffles du printemps, est une jolie idée de M. R. COLLIN.

Arrêtons-nous longuement devant son œuvre principale : *Éveil.*

La difficulté suprême est de montrer la femme telle que Dieu la fit, et que l'homme la rêve, sans

l'attirail des chiffons de tous les âges. Mais peindre une femme nue ne suffit pas à M. R. Collin:
il veut encore la modeler sans ombres, rien que
cela! Il est plus aisé d'avoir des médailles au Salon
avec cette belle pensée que d'arriver à la rendre
tout à fait. Mais l'artiste cherche courageusement,
avance toujours, et obtient des résultats surprenants.

L'*Éveil*, s'élançant sur un fond de feuillage,
gracieuse, douce aux regards, belle fleur de chair
spontanément épanouie, sort de la nature comme
Minerve sortit du cerveau de Jupiter. Le soleil
jette sur les épaules et sur les seins de l'adolescente une douce caresse de lumière, et elle s'étire
doucement. C'est merveilleux.

M. Raphaël Collin n'expose pas son plafond de
l'Odéon. Nous lui en faisons un gros crime. Cette
sorte de muse, que nous nommerions l'*Enthou-*
siasme, et qui, svelte et vive, passe dans le bleu
jetant au vent ses lauriers, est une conception toute
parisienne, d'une grâce inouïe.

Le Chevalier aux fleurs, caprice, coup de
soleil, doit être examiné au point de vue où s'est
placé M. Rochegrosse. Le fantaisiste pur, à
qui l'on doit de splendides réalités, s'est épris du
rêve. Enthousiaste de Wagner, ivre de parfums,
sous un soleil brûlant, il métamorphose en femmes

le bleuet, la violette, le lys de Chine, la capucine, l'iris, la rose, l'hortensia, la pivoine, l'œillet, pour séduire *le Chevalier aux fleurs*. Mais le prédestiné, revêtu de la symbolique armure d'argent, va vers l'Idée, insoucieux des appels de la Vie, pendant que M. Rochegrosse jette sur cette toile, dans une folle profusion, toutes les nuances de sa riche palette.

M. FANTIN-LATOUR avec l'*Aurore*, sorte de vision féminine d'une grâce intense, d'un fin pinceau, ne semble-t-il pas avoir peint l'abstraction même ?

Le vieux dicton : *In vino veritas*, est spirituellement mis en action par M. LANDELLE. La Vérité, lasse de libations aquatiques, sort de son puits et se grise de raisin. Elle casse son miroir devenu inutile, et vous dit, avec un de ces regards vagues et insouciants que donne l'ivresse :

« Vin tant divin loin de toy est fors close
« Toute mensonge et toute tromperie. »

Les compositions de M. J. AUBERT sont des trouvailles d'un attrait irrésistible, tant il peint avec grâce. *Le Billet de logement*, apporté par l'Amour exigeant un asile chez une adolescente aussi accueillante qu'hospitalière, est délicieux.

Gare là-dessous ! ! !... *Le Torrent,* de M. Le
Quesne, éventre le Palais, et fond sur nous à bonds
de géant. Furieux, il entraîne dans ses soubre-
sauts écumants une cascade de femmes plus charmantes les unes que les autres. Elles roulent de
rochers en rochers, avalanche de beautés nues,
dégoûtantes... d'eau, seulement. Celle du centre
surtout, qui rappelle la Saône de M. Comerre, est
d'un affriolant !... Rassurez-vous donc, ne bougez
pas, et tendez vos filets. L'heure est propice pour
une pêche miraculeuse.

Laissons parler Henri Heine :

« D'un rideau lourd tristement
« Je couvre hermétiquement
  « Ma fenêtre,
« Afin de voir en plein jour
« Le spectre de mon amour
  « M'apparaître.
« Près de moi, comme quelqu'un
« Qu'on attend, l'amour défunt
  « Prend sa place.
« A mes yeux noyés de pleurs
« Le tableau de mes douleurs
  « Se retrace. »

M. Moreau de Tours, qui va de la religion à la
guerre et de la guerre au rêve alternativement
avec un succès égal, s'est inspiré de cette pensée
en peignant *Évocation.*

Rien que des femmes ! Mais elles sont toutes

jolies dans *la Couronne de Toulouse,* plafond que
M. DEBAT-PONSAN destine au Capitole.

L'*Apothéose de Gutenberg*, plafond par
M. QUINSAC, est bien de couleur et ferme de
dessin. L'œuvre est belle, et Meissonier, en Gutenberg, d'un heureux effet.

HISTOIRE

M. J.-P. Laurens a voulu apporter à la mode
napoléonienne l'appoint de son talent. Il nous a
peint cette scène fameuse qui eut Fontainebleau
pour théâtre, Pie VII et Napoléon Iᵉʳ pour acteurs ;
où l'Empereur, alors dans tout l'éclat de sa gloire,
triompha des dernières résistances du pape affaibli
par l'âge et les fatigues de sa cruelle translation
à Paris.

Le Pontife, assis à l'aise, — au physique s'entend, car il est bien gêné dans ce grand fauteuil !
— repousse les propositions faites par le souverain.
Celui-ci, dans une de ces fureurs feintes ou réelles
qui lui étaient familières, d'un geste jette à terre
le chapeau légendaire, renverse une chaise, et,
les bras croisés sur sa poitrine, écrase son adver-
saire par son autocratie dont l'atmosphère est
pleine. Le Pape, affaissé, conserve sur sa face
émaciée une expression de ruse et de ténacité
toute italienne. Sa Sainteté détourne les yeux
devant le vainqueur qui l'oblige à se courber.

La justesse d'observation, la largeur d'exécution
font du *Pape et l'Empereur* un véritable drame
historique où guerre et religion se trouvent également représentées.

Après avoir célébré si longtemps nos gloires
militaires, M. Detaille qui, les années passant,
a le don de rester toujours un grand garçon de
vingt-cinq ans, a voulu consacrer une toile magistrale aux héros plus obscurs du courage civi-
que, aux *Victimes du devoir*. Il s'est pris corps-
à-corps avec une œuvre qui restera la meilleure
page de sa vie de peintre.

Foin de la guerre qui tue des innocents! Place
au courage qui, dans l'incendie furieux, arrache
des victimes à la mort.

On est en plein Paris. Des rues se croisent, se
perdent au loin. Le feu s'élance d'une maison où
se précipitent les hardis sauveteurs. Des chevaux
fumants amènent au galop les engins de secours.
Au premier plan, des pompiers affairés, qui debout, qui penchés, manœuvrent les tuyaux des
pompes. Un mouvement surprenant anime tout ce
monde. C'est d'une vérité si saisissante, qu'on a
peur. Le préfet de police, vers lequel s'avance un
agent la main au képi, regarde avec stupeur le
pompier mort que ses camarades emportent avec
fierté. Une émotion poignante se dégage de cette
superbe inspiration. C'est plus qu'un beau tableau

qu'a fait M. Detaille : c'est un noble et courageux
hommage rendu à ces pompiers de Paris, dont
nous devrions être tous fiers.

L'œuvre de M. Detaille, essentiellement humaine,
est frappée au sceau de son temps qui appelle la
gloire sur ceux qui sauvent et non sur ceux qui
tuent. Les lauriers de l'avenir seront aux héros
qui détourneront la mort et non à ceux qui la
donneront. Sauver, ne pas tuer, voilà l'honneur
de demain.

Comme pendant à son tableau militaire de l'an
passé, M. Cormon nous montre *le 14ᵉ de ligne à
Eylau,* petite toile mouvementée, brûlante, mêlée
sanglante et terrible.

Qu'est-ce qui brille à gauche ? Des vitraux :
*Jeanne d'Arc au château des Tournelles, Orléans,
1429.* L'exécution, un tour de force, est de
M. Champigneulle ; la peinture de M. Maignan.
Les péripéties de la vie de l'héroïne sont repro-
duites avec une touchante et exacte vérité :

« Les gens d'armes batailleront, Dieu donnera
la victoire. » Cette devise résume tout le travail,
où respirent une grande foi, une simplicité archaï-
que, œuvre où l'artiste a mis tout son talent et
qui restera comme un des plus beaux monuments
élevés à celle dont la France fait une personnification de la Patrie, et l'Église une sainte.

M. H. PILLE dessine toujours avec une maëstria sûre d'elle-même, que bien des « jeunes » de-
vraient étudier. *Puritains et Cavaliers* est une
élude des plus intéressantes par l'opposition des
deux groupes. Les cavaliers, pimpants et chatoyants sous la soie de leurs pourpoints, regardent
avec un dédain moqueur les fameuses « têtes ron-
des » de Cromwell qui viennent à nous, bible sous
le bras, indifférents aux quolibets des cavaliers
enrubannés. L'austérité d'un côté, la frivolité de
l'autre, répandues sur les visages comme sur les
vêtements; la vieille rue aux maisons à pans de
bois, tout se tient ferme dans ce tableau, quoi
qu'en pense l'auteur, fin mais bourru, toujours
découragé, réfugié en ermite dans sa barbe et sa
chevelure broussaillantes. *Puritains et Cavaliers* vient, dit-on, d'être enlevé par l'Amérique, l'intelligente Amérique à qui tant d'artistes
doivent leur fortune, mais qui se passera bientôt
tout à fait d'eux, gorgés, que sont ses propres
peintres par les récompenses, les médailles qu'ont
fait pleuvoir sur eux, depuis dix ans, les naïfs artistes français.

M. LUMINAIS, par l'originalité de ses œuvres,
émerge toujours de la foule. Il prend ses sujets
dans les premiers siècles de notre histoire. Il
aime ces rudes et solides guerriers d'anciennes
races, plutôt brigands que soldats, aux muscles

puissants, au poil roux. Il les rend toujours avec
une énergie presque farouche qui n'exclut pas un
grand savoir.

Il nous montre cette année, sur une petite toile
très finie, la *Fin de la reine Brunehaut*. La ca-
vale harassée s'est abattue ; la victime, qu'elle
trainait, gît derrière elle ; toutes deux sont mortes.
Leurs restes, meurtris par les chocs, disloqués,
vidés, suivent les courbes d'un monticule chauve,
et font presque corps avec la terre qui va les
reprendre. L'aube au loin se lève insouciante.
On se sent frissonner.

Dans *les Troyens à Carthage*, de M. Fantin-
Latour, Ascagne présente à Didon le sceptre et le
voile d'Hélène. Une étoffe légère et transparente
éclaire de rose le centre de la toile. Au premier
plan, deux esclaves ; entre elles, un coffret, la
couronne d'Hécube. Nous sommes reportés à l'art
élégant, ferme et gracieux. On se croirait au
XVIII° siècle. Nous aimons ce faire qui cherche
l'idéal tout en restant vrai.

La Gazette, de M. Le Blant, et un peu plus
loin les *Réfractaires*, sont deux très jolies toiles,
fines détaillées, sans sécheresse, tout à fait
réussies.

I   8

Mme DEMONT-BRETON met pour la première fois
seize personnes en scène. Jamais, de nos jours,
femme ne fit œuvre si importante ni si bien exé-
cutée.

Jean-Bart, dont le beau visage rappelle les
portraits du temps, enrôlant ses hommes, allonge
en manière de serment la main qui doit protéger
l'expédition. Les enfants effrayés se cachent dans
les jupes ou dans les bras des femmes. Celles-ci
cherchent vainement à arrêter l'élan de leurs
maris ou de leurs fils. Un homme en noir inscrit les
noms. On aperçoit au loin le Dunkerque du
XVIIe siècle. Œuvre consciencieusement étudiée,
où le peintre a beaucoup grandi, tout en restant la
mignonne et gracieuse personne que l'on sait.

Secours, par M. BERNE-BELLECOUR, est un geste
de philanthrope. Le Tout-Paris du printemps s'en
émeut aux Champs-Elysées, comme le Tout-Paris
d'hiver s'en est ému déjà dans les cercles.

Un uhlan blessé boit à la gourde qu'un chasseur
français vient de lui passer. Le cheval de ce dernier est attaché à un arbre ; celui de son adver-
saire, après une course folle, est revenu fourbu
sur le lieu du combat pour y mourir. L'idée du
patriotisme cédant à l'humanité ne pouvait trouver
plus habile ni plus noble interprète.

M. Grolleron nous frappe par son grand talent
et le sujet de son tableau où la nature et l'histoire sont serrées de très près. *Le Sergent Tanviray,*
suivant la trace des morts, accourt près du cadavre de Héron, qui presse encore sur sa poitrine
le fanion qu'il a défendu jusqu'à la mort. Tanviray lui serre la main, relève le drapeau de
Vendôme resté au milieu des ennemis, et l'emporte
sous les balles.

M. Rouffet nous a fait une belle charge, celle
des *Cuirassiers de la garde à Rezonville*. Voilà
comme nous aimons les « charges ! »

Nos soldats et nos infirmiers mouraient de froid,
et la marque de leurs cadavres sur la neige inscri-
vait à jamais dans l'histoire ce que furent, en 1870,
la charité et le courage français. Ce souvenir
revit déchirant avec les blessés que M. Beauquesne
a si admirablement groupés dans *les Mois noirs*.
La correction du dessin, la justesse des tons, font
de cette bagarre militaire une des meilleures
œuvres du genre.

Après la lutte, de M. Arus, épisode de la guerre
de 1870, sent son Detaille d'une lieue. L'ani-
mation du combat est passée. L'horreur de la

boucherie se montre froidement. C'est navrant et peint d'une touche ferme, concise.

Les Gloires lyonnaises, la très grande toile de M. Louis–Édouard FOURNIER, est destinée à l'Hôtel de Ville de Lyon. Au premier plan, Ampère réunit à ses côtés Favre, Pierre Dupont, Laprade, Claude Bernard, Soulary, Hippolyte et Paul Flandrin. Meissonier, Puvis de Chavanne, Jacquard, Mme Récamier, le maréchal Suchet, Mlle de Lespinasse sont un peu plus loin. Dans un exèdre, Germanicus et Claude, Avéporamus et Momorus, les deux chefs rhodiens, qui fondèrent, deux cents ans avant Jésus-Christ, la première ville de Lyon ; à leur gauche, Marc-Aurèle. Au fond, le confluent du Rhône et de la Saône vu de Fourvières.

On ne peut qu'applaudir M. Fournier. Peintre plein de son art et convaincu, il a écrit l'histoire d'un pays par les hommes célèbres qu'il a produits. L'esprit de sa composition s'est étendu aussi loin que possible pour ramener sur un même point tout ce que le titre imposé comportait d'intéressant.

Les costumes sont exacts et d'une touche juste, les portraits ressemblants. C'est une œuvre.

Ulysse reconnu par sa nourrice mérite qu'on s'y arrête. Il revient, nul ne s'en avise. Sa femme, toute à son rouet, ne le voit pas. Seule, la vieille

servante, qui l'aima la première, devine son maître
et s'assure qu'elle ne se trompe pas en cherchant
l'ineffaçable cicatrice d'une blessure. Tableau
classique, sans raideur et très touchant, signé
MEYNIER.

GENRE

La belle *Sahavandara,* de M. Hébert, dont tous
les peintres sont fous, l'Italienne qui fait fureur,
est une œuvre superbe, un effet de l'entrevu,
quelque chose comme un souvenir de bonheur.

Si le mâle talent de M. J.-P. Laurens reconstitue
l'histoire d'une touche ferme, il sait aussi se faire
calme, intime, vaporeux presque, pour nous peindre la tendresse et la grâce de *Griselda,* serrant
contre elle son fils d'un geste charmant. Tous deux
s'éclairent à grands flots d'une lumière qui entre
par une large baie et passe entre d'élégantes colonnes. Sur le mur s'étendent de belles tapisseries
dessinées avec un soin... de maître ! On est en
plein moyen âge, au XII° siècle, dans l'air doux
des légendes gracieuses que l'étude de nos trou-
vères a rendues plus familières.

M. BENJAMIN-CONSTANT, qui se transforme en
hirondelle de mer pour aller, de France en Amérique, répondre aux nombreuses commandes du
nouveau monde, et d'Amérique en France pour
chasser la gloire, a fait consentir une de ses élèves
à lui poser une tête de fantaisie, détachant pour
lui la première agrafe de son manteau de velours
vert brodé d'or. De là les *Diamants noirs*, qui sont
des yeux pleins de vie, magnifiquement enchâssés
dans le visage d'une belle brune, aux cheveux
couleur brouillard de nuit.

Quelle impression intense d'air irrespirable,
lourd, épais, ardent se dégage de la *Forge !*
L'artiste a voulu rendre dans son absolue vérité
l'atmosphère surchauffée de ces ateliers où
l'homme plie le fer à sa volonté. Il y a si bien
réussi qu'en admirant son œuvre, on étouffe:
l'âcre odeur du fer rougi, la chaleur excessive
vous suffoquent. Mais pour faire aussi vrai, pour
arriver à un tel résultat, il est indispensable de
dessiner et de peindre comme M. CORMON.

Un événement artistique marque 1894 : *la
Main chaude* de M. ROYBET, chef-d'œuvre de
gaîté, éclatant de magnificence, et faisant rayon-
ner de ses joyeuses couleurs le Palais tout entier. Quelle heureuse impression vous laisse cette

scène! Combien sont froides, à côté d'une telle explosion d'humour, les vieilles orgies des peintres d'autrefois! « Il faut être mort pour être admiré » dites-vous? Allons donc! notre Roybet est bien vivant et la foule de ses contemporains l'acclame. Vive Roybet! et qu'il fait bon rire!

Douce rêverie, de M. Tony ROBERT-FLEURY, fraîche de jeunesse, chaude de soleil, fillette de quinze ans, sournoise et jolie, au lieu d'apprendre sa leçon, reste accoudée sur son livre. Elle nous regarde d'un air tendre et, de son coin, a l'air de dire : « Je m'ennuie là; emmenez-moi. » Certes, on l'emmènera! C'est cherché, finement étudié et si singulièrement qu'on dirait presque un pastel. L'expression de la tête est d'une poésie charmante. Mais pourquoi M. Robert-Fleury nous prive-t-il d'une ravissante chose qu'il détient injustement dans son atelier : une femme, une allégorie écrivant et pensant? Il y a dans ses yeux un monde d'amour, de poésie qu'il tient à confisquer pour lui seul sous toutes sortes de mauvais prétextes. Nous le dénonçons.

M. Gabriel FERRIER aborde franchement la gaîté, tout comme M. Chocarne-Moreau ou les modestes sœurs Fould qui lui doivent leurs succès, — de réels succès, on doit bien l'avouer. —

Il faut voir avec quelle dextérité de pinceau le
maître sait rire, égayer le pauvre monde. Son
Chaperon rouge, que le loup regarde et câline
avec un sourire affamé et des yeux de chéquard,
est un gros bébé d'un blond et d'une carnation qui
expliquent amplement le désir de le croquer.

M. de Munkacsy nous envoie *Récit*, tableau intime
de large dimension. Dans une salle d'auberge,
deux hommes et une femme, autour de la table,
écoutent de toutes leurs oreilles ce que leur raconte
un grand gaillard, beau gentilhomme, debout devant la cheminée. Chaque personnage a l'attitude
et le jeu de physionomie voulus. Le conteur désignant la fenêtre, la femme écoutant, bouche
entr'ouverte, tout est spirituel, bien exécuté, et
s'éclaire franchement.

La *Répétition*, de M. Dawant, est une jolie
chose. La chapelle d'un couvent aimable, lumineuse, pas trop austère, y fait au prêtre et à ses
enfants de chœur un cadre fouillé du plus fin
rococo. Ceux-ci, dans un fond blanc et or, qui
met en bonne humeur, répètent quelque vieux
plain-chant. Beaucoup de vie, une facture serrée
sans sécheresse, des détails intéressants joints à
la décoration blanche et rouge, sont d'un effet
charmant.

La tête de *Villervillaise*, de M. DANTAN, est une étude très solide. Endimanchée, pour la messe sans doute, la commère est bien nature, avec son grand bonnet normand et, sur les épaules, son beau foulard à carreaux.

Dans l'*Intérieur normand*, du même artiste, une vieille femme tricote, clignotant pour trouver ses mailles. Autour d'elle une sorte de fouillis sombre, demi-désordre de l'insouciante vieillesse pauvre, l'« à quoi bon ? » de ceux qui savent devoir partir bientôt.

Avec quelle fine dextérité M. V. GILBERT est-il parvenu à si bien exécuter bijoux et diamants ? Cette libellule, ces bracelets sont inouïs de finesse. L'extrême délicatesse de mouvement, avec laquelle *le Joaillier* les touche, forme une opposition des plus heureuses à la vigueur de coloris et à la solidité ostéologique du personnage. Il sertit un lapis, insouciant des badauds qui suivent curieusement son travail. C'est un véritable ouvrier, de grandeur naturelle, on ne peut mieux peint.

M. V. Gilbert aime la vie parisienne, non des fêtards, mais des travailleurs.

Il nous la montre séduisante dans son petit tableau, *le Magasin de fleurs artificielles*, imprégné de parfum féminin. On y voit quatre demoiselles de boutique très pimpantes, une travailleuse, une

pensive, une bavarde et une curieuse, jolie
blonde regardant au dehors la vie riche qui passe.
Les caractères sont écrits sur les visages. On
devine même celui de la caissière absente. Un
bouquet, placé sur son bureau, l'accuse d'avoir eu
de bonnes raisons pour sortir.

M. BERGERET a surpris deux cuisiniers, dont un
lit le journal à l'autre qui rôtisse mollement des
asperges : « *Quand vous aurez fini?* » demande
ironiquement le chef. Tableau de maître moderne.

Le charme que Mlle ROMANI tient de ses profes-
seurs : le brio d'Henner et la couleur de Roybet,
en font un peintre précieux. *Pensierosa* et une
Infante, avec des airs de Velasquez qui lui vont
on ne peut mieux, sont deux charmantes choses,
pleines de tempérament, de riches et éclatantes
couleurs.

La belle *Femme nue*, élégante étude de
M. Franc LAMY, se baigne bien dans l'air.

Et, du même peintre, *Souvenir*, jolie personne
assise sur un banc de jardin, se rappelle ce que
ses admirateurs se rappelleront sans doute aussi :
ses succès.

De M. Bouchor : *le Cidre*, scène de la vie normande, charmante d'exactitude, de naturel et de talent.

L'*Éducation d'un pierrot*, par le joli bébé de M. Léon Perrault, est un séduisant tableau, école Bouguereau.

Mme Elisabeth Gardner, la meilleure élève femme de M. Bouguereau, expose *A travers le ruisseau*. Tout fier de son idée, un petit espiègle aux cheveux bouclés va se faire passer à pied sec sur les bras croisés de deux enfants du village, un garçon, une fillette, marchant à pas comptés, pour ménager leur gracieux fardeau. La beauté idéale de ces trois enfants, la splendeur nacrée de leurs jeunes chairs, la délicatesse des mains, des pieds nus, tout indique M. Bouguereau dont Mme Elisabeth Gardner a surpris les secrets. Nous n'exagérons rien en disant que le maître n'eût pas mieux fait que l'élève.

Voici, de Mme Guyon, *Un rôdeur*, très savamment observé, mais n'inspirant aucune confiance sur son fond de neige.

Parisienne, toile coquette, très poussée, aimable, attirante, serait une rencontre plus agréable à faire.

M. Chocarne-Moreau place sur un banc, en plein boulevard, un gamin qui donne à son camarade les écrevisses du patron. Une petite fille fûtée trouve, comme nous, cet *Abus de confiance* très bien.

M. Bisson est l'artiste parisien, gracieux, féminin, au spirituel pinceau. Sa *Novice avant les vœux* va faire le tour du monde. Pendant ce temps-là, cette belle fille pourra bien changer d'idée. Déjà, baignée dans un rayon de lumière, elle jette son livre et ouvre les bras à l'inconnu.

Sa sœur, la jolie fantaisie se démasquant *Après le bal* pour se regarder au miroir, la suivra. Toutes deux auront une brillante carrière.

Voici *Mezzetin et Javotte*, trinquant ensemble, dus au pinceau ferme et délicat de M. Alexis Vollon. Ce jeune peintre tient de son père la persévérance dans le travail, l'amour de l'art qui fait les vrais artistes.

Elle embaume, la soupe dont se régalent les pauvres filles de M. Pibrac, au *Réfectoire d'un orphelinat*, pendant qu'une sainte religieuse lit sans doute ses heures... C'est le matin ou le soir, mais n'allez pas prendre cette demi-teinte pour le « gris gris » dont nous avons horreur. Non, c'est tamisé, doux comme le lieu le comporte.

Mlle Mercier a trouvé une bien sage *Petite écolière*, et rencontrera certainement aussi un acheteur, car sa peinture est consciencieuse et savante. Un tableautin pareil a toujours sa valeur.

Une femme sur la paille avec son enfant, *la Délaissée*, de Mme Nordgreen, est très soignée. Mais la pauvre femme dort si bien, qu'elle n'éveille en nous aucune pitié. Pour traiter ces sujets, il faut, comme Pelez, être de race, avoir dans les veines du sang de Murillo... et, au cœur, les immenses pitiés que donnent aux âmes généreuses les luttes cruelles de la vie. Il faut être de ceux qui, rassasiés, ont encore faim à l'estomac des autres, qui, consolés, pleurent encore les larmes des autres. Il faut avoir en tout l'être cette flamme qui altère d'une gloire bienfaisante et brûle la vie pour éclairer l'avenir. Il faut être Pelez, avec ses grands yeux de feu et son corps si fluide qu'on l'aperçoit à peine. Lorsqu'il exposa *Sans asile* et *Mendiant*, bien des sous de plus tombèrent dans les mains ouvertes, tant il avait remué le public.

PAYSAGE

Nos paysagistes, par bonheur, ne subissent pas l'influence du nouveau dans l'art.

Pendant que les chevelus inspirés et les étrangers armés de lorgnons multicolores inventent une nature bariolée, aux couleurs symboliques, qui les fait couvrir de médailles par les jurys en délire, nos paysagistes, heureusement, s'efforcent toujours de voir la nature telle qu'elle est. Ils se contentent, comme innovation, de marcher à la conquête du soleil, ce qui est suffisamment difficile.

M. FRANÇAIS rapporte du Midi *Cannes* vu de l'île Saint-Honorat. A droite, l'île Sainte-Marguerite et Grasse devinée. Voilà bien ces vieux sapins gigantesques, d'un vert noir ! Une dame, descendue d'un petit batelet, regarde au loin l'horizon clair couché sur les flots bleu turquoise et non indigo, comme est trop souvent peinte la pauvre Méditerranée. Oh ! nos maîtres en savent long.

Les paysages de M. Français sont toujours d'un dessin parfait, d'une touche large, qu'il peigne le Midi ou le Nord. Dans sa *Vanne au bord de l'Eaugronne,* près de Plombières, l'eau gronde dans le ruisseau où se regardent trembler les frênes. Un jeune garçon et une jeune fille pêchent assis sous le feuillage, grassement vivifié par l'air humide. C'est intime, frais, amoureux.

Noblesse oblige. M. Français le prouve. Ce ravissant petit tableau est étudié avec le soin délicat et les inquiétudes du tout jeune artiste.

Comme M. Jules BRETON sait bien rendre les scènes de la vie campagnarde, le caractère passif et résigné des villageois ! Voyez dans *la Fin de la récolte,* au soleil couchant, ces superbes paysans ensachant des pommes de terre dont l'Amérique ne peut manquer de faire des pommes d'or.

Plus loin, dans un bijou de paysage, *la Louchez, à Courrières*, deux villageoises lavent leur linge au bord de l'eau. A droite un homme, une femme, un enfant remorquent péniblement un lourd bateau qui se traîne sur l'eau paresseuse pendant que tombe le crépuscule. Et voilà un chef-d'œuvre, quand on a l'immense talent de M. Breton. Beaucoup d'effet avec des sujets et des moyens très simples.

Il est inutile de lire le titre du tableau de M. HARPIGNIES pour voir que c'est le soir. Les arbres attristés dont la sève descend, l'eau sans mouvement, les accidents de terrain sous leur rare gazon, s'éclairent à demi.

C'est sur les bords de la Loire, son fleuve favori, que M. Harpignies a pris sa *Soirée d'automne*. Cette herbe rôtie, ces arbres effeuillés, ces eaux larmoyantes pleurent l'été perdu. L'artiste a su bien rendre les transparences, le calme majestueux de ce beau fleuve, l'atmosphère sereine et douce du centre de la France.

On verra aussi du maître un *Souvenir d'Italie*. Une arche rustique s'arrondit sous un chemin laissant passer une eau claire où se reflètent des feuillages de ton énergique. C'est un site des plus poétiques, la fontaine Égérie à qui Numa Pompilius allait demander des conseils. Le ruisseau clair dirait aujourd'hui : « Tâche d'avoir des toiles de M. Harpignies. » La nature peinte avec amour est une des plus belles choses du monde.

M. BERNIER, un expérimenté, ne manque jamais ses effets. *La Baie des Tilleuls*, grasse et luxuriante, malgré son voisinage de l'eau saline qui s'étend claire jusqu'à l'horizon et qu'on voit au-dessous des arbres, va s'élargissant sous une

morsure de la mer. C'est un paysage de maître :
l'air y est transparent et le feuillage respire.

Sa *Rivière de l'Isole* coule limpide autour des
blocs de rochers. Les rochers, si difficiles à rendre,
sont traités avec une réalité frappante. C'est bien
breton.

M. C. Busson parle de son art à faire déplorer
l'absence d'un sténographe. Il cherche le beau.
Il en est si profondément épris, vous l'explique
avec un esprit tellement impressionné du grandiose de la nature, qu'on s'imagine en le quittant qu'on va faire de la peinture.

Il voit avec une grande intensité, et sait rendre
puissamment ce qu'il voit. Ses beaux paysages
lancent toujours des éclats doucement lumineux.
La Fontaine de Daviette aux eaux transparentes
est un plaisir des yeux. Dans cet effet d'automne,
clair et frais, on sent passer le vent rafraîchi par
les pluies d'octobre, on voit tomber les feuilles.
Il y a là une poésie pénétrante que saisissent seulement les grands artistes.

Une mare est un tableau plus important comme
dimensions, d'un faire tranquille, doux, reposant.
Tout est à sa place, solidement dessiné. M. Busson
s'affirme de plus en plus par ses eaux claires, son

feuillage dru, sa profondeur de ciel, sa fermeté de terrain, et s'achemine vers le palais Mazarin.

Les paysages de M. de CURZON sont d'une couleur scrupuleusement exacte et d'une composition très poétique : *Vue prise au bord du Saleys (Pyrénées)* — frais et plantureux, un lac s'étend au premier plan, l'horizon est d'or, — et *le Tibre à Rome, au pied de l'Aventin*, le matin, soleil levé.

M. GUILLEMET nous montre Paris sous un aspect que peu de personnes connaissent : Paris maritime, avec une brume fine comme une toilette de femme, Paris se donnant coquettement des airs de port de mer, l'utopie d'hier, la réalité de demain.

Le Pont Marie est vu d'en bas. Une population affairée amène et emmène, par les routes qui marchent, les produits de toute l'Europe et les petites merveilles de l'article de Paris. Ces chalands et leurs marins remuants font ressortir le calme de la Seine, nymphe de Puech, travaillant dur, gracieuse quand même sous la grande ville. Tableau plein de vie. Partout cette atmosphère douce, lumineuse et gaie, mystérieusement retenante pour les Parisiens, attractive, irrésistible pour l'étranger, atmosphère que M. Guillemet vient de saisir on ne peut mieux. Il est doux aux Parisiens d'e

voir qu'on'n'oublie pas leur village, et nous re-
mercions M. Guillemet de nous montrer le *Pont
Marie* avec ses activités sur la Seine, si apaisée
qu'elle en est presque azurée. C'est peint avec
une sorte d'amour qui nous touche.

Les Châtaigniers de Nicuidaz, la tête lourde et
penchée, sérieux comme de vieux juges, nous
regardent et nous arrêtent. L'eau est limpide,
fraîche; les vaches et le taureau sont calmes et
sains. Tout est riant dans ce coin de forêt, où
l'on croit se promener.

Mais le talent de M. Zuber ne recule pas devant
les contrastes. Autant ce paysage est d'un tranquille aspect, autant, dans la *Soirée orageuse,* le
ciel est menaçant. Le soleil rougit; on sent le
temps chargé d'électricité. Ces deux effets sont
exprimés avec le même fini de touche et le même
bonheur de rendu.

M. Petitjean joue de sa note personnelle et hardiment nature sans tomber dans l'outrance. Il a le
don de voir vite, mais il prend son temps pour
peindre ce qu'il a vu. Sa *Cour de ferme en Beauce*
est un effet de soleil qu'il n'est pas nécessaire
d'aller regarder à cinquante mètres. Il peut aussi
bien être vu de près que de loin. On prendrait les

feuilles mortes restées à ses fagots, et l'on dit bon-
jour à la maritorne qui passe. Çà et là, des notes
vives, justes, fringantes, scellent de leur réalité ce
milieu campagnard : une planche verte de mousse ·
oubliée là, des poules frétillantes. C'est brûlé de
soleil.

Très largement peint aussi son effet de lumière,
le Matin aux environs de Nancy. Il y a de l'espace
dans son ciel grisâtre encore plein des brumes de
l'aube. Ce n'est pas ce gris opaque, malpropre,
dont on abuse sous prétexte de perspective, et qui,
au contraire, semble vouloir nous apporter sa
poussière. Ici, le gris est lumineux, profond. Au
premier plan, à gauche, des eaux transparentes
engraissent des herbes indolentes qui sortent du
tableau.

Une longue route, siliceuse, rosée, brûlée du
soleil qui calcine. Près d'un vieux mur, de gros
troncs de chênes; l'eau d'un torrent endigué; un
long rideau d'acacias, de frênes, de noyers. Au
fond, satinées, rosées, bleuâtres sous un ciel criblé
de poussière d'éther fin et luisant, *les Alpes dau-
phinoises* au coucher du soleil qui leur donne des
lueurs diamantées, changeantes. Puis une vieille
maison rustique, blottie sous d'antiques noyers
encore verdoyants. Ses huis craquent sous des
herbes sèches. Des poulettes picorent avides sur

9.

un semis de blé ; un soleil, violet d'incandescence, embrase un chemin vert doré qui tourne un peu et se perd dans le mystère d'un couvert lointain. Tout brille ; c'est coloré, brûlant. Les dames ouvrent leurs ombrelles; les enfants se cachent les yeux. M. GAGLIARDINI a vraiment du soleil sur sa palette.

De M. GARAUD, *l'Étang*, aux eaux profondes, cristallines, sous d'épais ombrages. Frappée par le soleil, la surface limpide devient soudain éblouissante et se lame d'argent. Tout à fait à part et d'une grande valeur artistique, ce paysage humide au vert vif! L'observation de la nature est dans chaque coup de pinceau.

L'Yvette à Saint-Forget, du même auteur, est un tableau largement fait, coquet de ton et d'un dessin très habile.

Un joli paysage de M. SCHMITT, *Automne*, avec de vieux troncs d'arbres couchés sur des feuilles mortes, est minutieusement soigné.

M. RIGOLOT aime bien les choux dans son *Village franc-comtois!* Nous aussi.

ANIMALIERS

La touche vigoureuse de M. VAYSON nous a dès longtemps conquis. Nous disions, en 1892, à propos de son exposition, qu'il courait d'un bon pas vers la médaille d'honneur, — car il la méritait cette médaille. — Il l'a manquée... mais de bien peu.

Nous voyons de lui *Brouillard*. Sur un monticule, un berger inquiet, bien paysan dans sa houppelande, regarde au loin la brume qui s'épaissit pendant que ses moutons, enveloppés déjà d'une vapeur légère, broutent insouciants. Point de gris, point de frottis dans cette scène admirablement peinte. C'est la nature même. M. Vayson est un fort. Il sait rendre toute la puissance de ses impressions avec une excessive conscience d'observateur.

M. BARILLOT aime l'automne et nous en montre deux effets différents. D'abord, il nous mène

en Saintonge. Il nous y montre une bergère souriante, gardant de belles vaches aux pis bondés,
au museau humide, qui nous regardent étonnées.
La bruyère pousse dru, frétille sous les premières
bises. Elle a ces teintes rose vif qui font pressentir
l'hiver.

Nous faisons un pas, et nous sommes en no-
vembre. Un laboureur voûté pousse une charrue
qui déchire la terre assombrie, dans un champ où
l'on sent circuler l'air froid de tristesse. C'est l'hiver. Le sol est dur, les arbres sont sans sève, tout
endormis. Jamais saison ne fut mieux rendue. .

Bergerie saintongeaise et *Labourage en Saintonge* sont deux maîtresses toiles.

M. J. DUPRÉ est toujours le bon paysagiste et
l'excellent animalier que l'on connaît. Il comprend
les champs, les cours d'eau, les villages, les sites
familiers, et sait les rendre.

Rien de reposant et de doux comme sa *Prairie
à Archelles*, avec son gazon vert, son ruisseau
clair, glissant sous une arche toute naïve. Une
belle vache rousse, une maisonnette blanche se
chauffent au soleil, tandis que des oies, satisfaites,
cherchent l'ombre qui les grisonne de frais.

Signalons aussi, du même artiste, la *Femme*

trayant sa vache, au milieu d'un décor charmant
de rusticité calme.

M. de Vuillefroy est, dit-on, souffrant !... d'une
étrange maladie qui augmente son talent, si nous
en jugeons par le *Lever de lune,* bon petit tableau
à la manière des anciens. Très pénétrante, cette
lumière des heures mystérieuses ! Sur l'horizon,
mis en feu par le départ du soleil, un troupeau de
vaches s'enlève en vigueur pour courir à nous.
C'est solide et franc de ton. Que M. de Vuillefroy
ne guérisse pas trop vite, si sa maladie a de tels
effets !

On admire les beaux *Lawracks setters* noirs
et blancs, à l'aide desquels un chasseur du meilleur monde, taille élégante, petites mains, fait
lever un gibier. Toutes les toiles de M. de Penne
ont une vérité, une solidité qui n'excluent jamais
l'élégance.

Les Amis de la maison sont deux petits chats,
l'un en haut, l'autre en bas d'une harpe. Très beau
panneau décoratif par M. Monginot. Livres,
fleurs, étoffe magnifique aux tons ardents, y sont
d'un groupement merveilleux.

Superbes ces *Pâturages du Cantal*, par M. PEY-
ROL! Douze vaches en promenade, paissant une
herbe fraîche et drue, dans un paysage très étudié, montrent qu'il y a des familles de peintres
comme il y a des familles de guerriers, où l'on a
déjà du courage avant de naître. M. Peyrol devait savoir peindre dans le sein de sa mère,
Mme Peyrol–Bonheur.

MARINES

La vue de *Marseille,* par M. A. VOLLON, est
une belle page de l'histoire de l'art. L'âme de l'artiste, inquiète du beau, tourmentée, s'y répand tout
entière, avec des intermittences de satisfaction et de
révolte. M .Vollon ne travaille jamais de sang-froid.
C'est souvent avec une sorte de colère qu'il arrache
à la vérité les secrets qu'elle nous cache. Marseille,
la majestueuse ville des Phocéens, les pieds dans
la mer bleue, la tête dans son beau ciel, à chacun
de ses côtés des bateaux rangés comme des enfants
chéris, steam-boats rutilants sur le sein de la Méditerranée, est deux fois belle, deux fois grandiose,
après avoir passé par la main du maître des
maîtres. Cette ruche humaine, avec ses hautes
maisons bondées d'or est imposante, sortant des
pinceaux puissants du colosse.

M. TATTEGRAIN, séduit par les marines, a voulu
triompher dans ce genre. *Le Débarquement de*

vérotiers dans la baie d'Authie montre qu'il traite la mer avec la même maëstria que l'histoire. ·

Les Quêteuses de l'asile des vieux matelots, s'en vont humblement, pieds nus dans le sable mouillé, soutenant une pauvre vieille femme et tirant leur âne. Elles sont tout à fait attendrissantes de charité. Aussi le vieux matelot, qui se trouve dans le bateau, se découvre-t-il respectueusement devant elles, pendant qu'un plus jeune leur jette du poisson. Chacun joue son rôle admirablement dans cette belle scène : les religieuses, les marins, M. Tattegrain... et l'État qui achète le tableau.

M. Luminais nous montre des *Pirates normands au IX* siècle* enlevant une femme qu'ils transportent de la plage sur leur bateau. L'un d'eux l'a chargée sur ses épaules par les pieds, l'autre lui soutient le haut du corps, pendant qu'elle, une riche nature, se débat à grand renfort de biceps. Mais les rudes gaillards n'ont garde de la lâcher. C'est barbare sans grossièreté, bien en couleur, bien en toile. Les personnages sont construits, la mer est mouvante : c'est prenant.

Le *Gros temps,* bourrasque au bord de la mer, fouette les arbres et chasse les femmes qui se

sauvent, jupes appliquées aux reins. On sent le
vent, on tient son chapeau. Un mouvement terrible est dans cette toile illusionnante, très bien
peinte par M. GUILLEMET.

De M. RENOUF : *Orage en mer*, une splendeur !
Les vagues se soulèvent avec fracas, écumantes,
effroyables, et retombent avec un bruit de tonnerre
disant : « Quel talent a ce Renouf ! »

M. DAMERON apporte son tribut à l'alliance
franco-russe en nous montrant, sur la Côte d'azur,
dans des eaux mouvantes et lumineuses, la *Visite
à bord de « l'Empereur Nicolas »*. Quelle anima-
tion, quel entrain dans cette foule grouillante de
curieux enfiévrés, sous un soleil brûlant ! C'est
bien là l'exubérance, l'enthousiasme méridio-
naux. Le chatoiement des costumes de femmes réjouit le regard. Arlésiennes, Bayonnaises, Espa-
gnoles, Parisiennes, il y a de tout sous ces
pimpantes ombrelles ! C'est si vivant, si gai, qu'on
croit entendre les clameurs de joie, les chants
patriotiques. Vive la Russie !

Plus reposée. quoique toujours bien dans cette
lumière vive et fine de la Méditerranée, surgit *la
Bastide rose au cap d'Antibes*. Sous un bel olivier, un monceau de fleurs s'ouvrent et se pres-

sent argentées, légères comme un plumage, pendant qu'à gauche, le sérieux cactus les regarde de ses yeux rouges. M. Dameron est un artiste de vrai talent, un très jeune arrivé qui ira loin. Il a, sur sa palette, les tons chauds et fins à la fois nécessaires pour rendre le midi de notre France.

C'est un naufrage. Tous les marins vont périr dans cette horrible convulsion de la mer! Non, car du fond d'un bateau, le Christ sauveur a surgi et M. MORLON a peint ce bel *Ex-voto*.

Crépuscule en mer, par M. PRESSEQ, est une agréable marine, étudiée dans le vague que donne souvent le soir. La transparente limpidité en est très réussie.

NATURES MORTES

Dernière expression du beau étincelant, les *Fruits* à chair ferme et fraîche par M. Antoine VOLLON! Nous nous sentons tout petits à côté de ce chef-d'œuvre, et nous avons envie, pour prouver que nous sommes quelqu'un, de mordre dans ces beautés succulentes, produit phénoménal de quelque terre promise paradisiaque.

De M. Blaise DESGOFFE : *Galerie princière,* une de ses meilleures natures mortes, accompagne un charmant *Vieux chêne,* paysage joyau. C'est une rareté que ce tableautin où le maitre a bifurqué avec tant de bonheur dans un genre nouveau pour lui.

M. MONGINOT s'affirme de plus en plus dans son opulente couleur par *le Collier de la Reine,* fleurs, éventail, ruisselants sous le feu des diamants, du luxe peint avec de la richesse.'

Ravitaillement : des oies grasses, des saucissons, des grenades, un panier scintillant de lumière, sont des merveilles tout simplement, jusqu'à l'étiquette arrachée du panier et tombée sur le devant de la scène. M. Eugène CLAUDE revendique la 2me médaille à grands effets de lumière. Nous croyons qu'il l'emportera cette fois-ci. Que demander de plus?

A l'office ou *A la cuisine*, M. FOUACE est toujours l'excellent peintre de nature morte que l'on sait, solide de dessin et brillant de couleur.

La Frise de fleurs et *les Iris*, par M. A. CESBRON, l'excellent peintre dont le talent est très apprécié, sont d'une légèreté et d'une fraîcheur attrayantes.

M. JEANNIN ne veut pas de coloriste à côté de lui. Il fait des fleurs, des étoffes, des masques, en sautant dans le plat pour éclabousser tout. Tant pis pour les voisins. C'est à peine si MM. Fouace et Eugène Claude résistent au voisinage.

Bien belles les *Roses d'automne* que Mme VILLE-BESSEYX semble avoir jetées sur un doux souvenir.

Mme DURY-VASSELON nous présente une *Corbeille de fleurs*, brillante nature morte que pourraient signer les Bergeret, Claude ou Fouace.

Les *Fromages* de Mme DUBRON nous enlèvent à cette contemplation. Leur fumet donne faim. Mais l'heure du déjeuner est encore bien loin. Patience !

Avec ses beaux *Œufs mirés,* M. ATTENDU vient de vaincre une grande difficulté : « Peignez bien un œuf, et vous saurez tout faire », disait Vollon. Il nous semble que les œufs de M. Attendu ne laissent rien à désirer.

Sa *Terrine* est aussi une excellente étude, on ne peut mieux rendue. Genre mignon, très en crédit, ces minuscules natures mortes bibelots !

RELIGION

M. Barrias envoie *Esther chez Assuérus*. Elle
va sauver son peuple ou mourir. Mardochée, vêtu
d'un sac, couvert de cendres, l'exhorte. Confiante
en Dieu, elle s'élance vers le roi, puissante par
les beautés que lui a données M. Barrias.

M. Chartran se rappelle à nous par une toile
importante, *Saint François d'Assise chantant au
labour*, à peu près ceci : « Loué soit le Seigneur
mon Dieu, par toute la terre notre mère, qui nous
sustente, nous gouverne, et produit des fruits va-
riés, des fleurs colorées et des herbes. » Il chante
joyeux, poussant ses bœufs, effarouchant les noirs
corbeaux dont un s'envole dans la salle. Quelle
peinture! L'esprit religieux y est répandu dans
l'air ambiant : c'est doux comme un entrevu du
monde idéal.

« Je mettrai mon arc en la nuée. Il sera pour signe de l'alliance entre moi et la Terre », dit la
Genèse. Et M. DEMONT, éparpillant un rayon de soleil dans les dernières vapeurs du *Déluge*, fait jail-
lir des rochers le premier arc-en-ciel, sur une nature encore effrayée, sur une mer que les couleurs
de la lumière rendent à l'espérance. Noé se pros-
terne, émerveillé, près du feu qui pétille en action
de grâce. Il y avait là de grandes difficultés, facilement vaincues. La composition est d'un mysticisme
contenu, très pénétrant.

Pour peindre la légende de saint Dominique,
les Moines servis par les anges, M. DE RICHE-
MONT a reconstruit la scène dans son atelier, et le
tableau est des mieux venus. Rien n'y accroche le
regard : tout s'y fond dans l'idée religieuse. Le
miracle s'y passe sous des teintes harmonieuses.
Des moines blancs, mourant de faim et de soif
dans leur cloître blanc, tombent d'inanition sur
leur table à la nappe blanche et vide, quand deux
anges, blancs aussi, leur apparaissent, l'un apportant du pain, l'autre remplissant d'eau les amphores vides. L'ensemble est éclairé d'une lumière
si douce, si transparente, les moines sont si vrais
et si convaincus, les anges si purs de lignes,
qu'enivré de ce blanc si doux on part dans le
rêve.

Marie bienheureuse, véritable bijou de M. Tou-
DOUZE, se manifeste par une jeune fille, presque
une enfant avec un autre enfant sur ses genoux,
au milieu des senteurs du printemps et des vols de
colombes. C'est frais comme une haleine de vierge.

On parle beaucoup du tableau de M. SURAND,
Saint Antoine et saint Paul l'Ermite. Un cadavre, un saint en prière, deux lions qui se reposent après avoir usé, par ordre du Seigneur, leurs
ongles à creuser une fosse : c'est un travail très
consciencieux, indiquant un artiste de grand
avenir.

M. MONCHABLON a paré son vaste panneau de
saints, d'anges blancs, entourant Jésus. Toutes
ces têtes sont expressives. Celle du Christ est irrésistiblement attrayante. *Venite ad me omnes,*
dit-il. « Nous accourons, Seigneur, attirés par votre
visage étincelant de divinité; accordez-nous la
grâce de ne pas voir trop de peinture Art nouveau ! »

M. RENARD s'est réfugié dans l'intérieur d'un
cloître, à l'architecture svelte et hardie, pour y
peindre un ingénieux arrangement de lumières fri-
santes. Dix nonnes descendent un escalier tour-

nant, passent devant nous se dirigeant vers une chapelle pour aller y chanter *Matines*. Il y avait d'excessives difficultés à rendre l'effet de ces éclairages divers, produits sur du blanc et du noir par plusieurs lumières isolées, et le mélange de ces éclairages avec les premières teintes de l'aube. Chacune des religieuses porte une lanterne, dont la lueur se fond avec le jour qui s'annonce encore incertain. Toutes ces teintes, glissant dans les découpures de la rampe de pierre, roussissent les vêtements sombres, dorent les stalles et donnent une poésie saisissante à ces pieuses béates. On dirait des âmes visibles.

Au temps des premiers protestants, en Bohême, un groupe nous apparaît austère, dominé par un grand sentiment de recueillement. C'est le beau tableau de M. Brozik : *Une communion sous deux espèces des premiers protestants de la Bohême.*

M. Lobrichon nous ravit avec la distribution de joujoux que font des anges de *Noël* aux appels muets de petits souliers en rang de bataille. Oh ! les jolis anges en bas âge, voltigeant dans les nuages, tenant une corbeille de joujoux si pleine qu'elle déborde sur les enfants en dessous !

M. Lobrichon a tant de succès en peignant les

enfants, qu'il se trouve emprisonné dans ce genre; mais il peindrait tout aussi bien autre chose. Ses touches, quoique fines et gracieuses, sont énergiques et justes, comme le prouve le *Coup de fion* donné par un vieux papa à sa fille qui part pour la messe, endimanchée de frais. Il lui noue sa cravate avec l'exquise maladresse d'un homme chiffonnant.

Une jolie toile de genre, c'est *la Messe,* de M. Brispot. L'artiste affectionne les sujets simples, intimes, et sait les rendre avec une dextérité très attrayante. Dans une église de village, à l'architecture élancée, deux paysannes prient avec ferveur. Le recueillement des femmes nous pénètre, et par une échappée, à droite, nous voyons, dans une chapelle bien en lumière, le prêtre élevant le calice.

Du même artiste : *le Jour des pauvres.* Un brave homme de province, assis sur un banc, son chien à ses pieds, regarde un mendiant, pendant que la servante, sur le pas de la porte, coupe une grosse tranche de pain. C'est simple et touchant.

Nous sommes frappé d'une œuvre pure et gracieuse de Mme Comerre-Paton. Adossée au pilier d'une église et richement parée de son grand bonnet scintillant de dorure, la poitrine couverte de chaînes d'argent, une belle paysanne hollandaise attend *A l'église*, son livre à la main, l'office qui ne commencera pas. Dans l'immobilité que donne une idée absorbante, elle pense à Dieu, pendant que les hommes pensent à elle, et que les amateurs songent à l'acheter.

Mme Comerre est la seule élève femme qu'ait laissée M. Cabanel. Seule aussi, elle a ce faire calme et pur. Ses figures ont des âmes d'enfant.

Laissons la *Sainte Geneviève* de M. Motte distribuer du pain, non sans grâce.

La grande peinture murale de M. Douillard, *Mater Dei*, mérite d'être signalée pour sa noblesse.

PORTRAIT

De M. Bonnat, le portrait de *S. A. S. le prince de Monaco* s'offre à nous dans une attitude martiale, sans raideur. Le teint, un peu basané, n'altère en rien la transparence de la peau. La main droite, admirable, se pose sur une carte de l'Islande. L'écharpe blanche et rouge est discrètement traitée. Quand on est, comme M. Bonnat, chef de l'école puissante qui combat le mou, le flasque menaçant des prétendus inspirés, chaque œuvre est une leçon aux jeunes, une condensation des principes sérieux. C'est une grande difficulté que d'instruire en peignant, sans qu'on sente le professeur sous la brosse.

M. Henner marque ses œuvres d'un cachet indélébile. On l'imite, mais on n'arrive jamais à l'éclat de ses tons, aux clairs obscurs, dont lui seul a le secret. Le portrait de *M. Rubens* (qui n'a rien à voir avec le peintre flamand) est d'une vérité aussi saisissante que d'une facture expérimentée, pleine du charme spécial au maître.

Lola, Espagnole blonde, parée, caressée comme à plaisir, enchanteresse, ainsi que le peintre sait les créer, qu'on voit une fois et qu'on n'oublie jamais, écrase de sa lumière tout le voisinage. Qu'y faire? Les couleurs de M. Henner sont foudroyantes.

On sait combien, depuis quelques années, M. LEFEBVRE a grandi comme portraitiste dans une école contemporaine qui, pour les portraits, quoi qu'on en dise, défie tous les siècles passés. Ce qu'il y a de plus remarquable dans le talent de cet artiste, c'est la variété, variété relative s'entend, car il reste toujours « lui », esclave de la vérité, sans aucune préoccupation de mode ou de ficelles. En un mot, il cherche à atteindre ce suprême résultat : « Se faire miroir.. » Mais pas de parti pris dans ses procédés. Il étudie son modèle avec des yeux chercheurs pour le rendre par des moyens s'appliquant spécialement au caractère donné.

Rien n'est pareil dans la nature, pas même deux feuilles du même arbre. M. Lefebvre, prenant pour règle cette grande loi, trouve logique que chaque portrait exige une étude nouvelle. Pour lui, pas un ne doit ressembler à un autre. Il varie ses procédés avec chaque modèle d'après l'inspiration qu'il en reçoit. C'est dans cette pensée que

10.

sont exécutés les portraits de Mlle *G. H...*, et de *M. C. Clerc*, tous les deux aussi vivants, aussi vrais l'un que l'autre.

Et pourtant quelle différence de faire !

La séduisante image de Mlle *G. H...*, brune, souriante, belle, dans sa robe blanche sur laquelle roule en tombant un boa de renard bleu, et le portrait buste de *M. C. Clerc*, si spirituel et si parlant !

L'artiste a changé de pinceaux pour peindre, d'un côté, la force virile, de l'autre, la grâce et la beauté. C'est complet comme résultat, aussi savant que naïvement rendu.

M. Benjamin-Constant expose un très beau portrait de Mme *X...*, en vert clair sur fond vague de tenture à fleurs.

Quel plaisir nous avons à rencontrer le spirituel *M. Gérôme* peint par son gendre M. Morot ! On n'en pourrait rien dire sans être au-dessous de la réalité. Qu'un portrait vraiment ressemblant est chose précieuse, sortant d'un pinceau comme celui de M. Morot ! C'est simple et beau.

Nous sommes attirés par l'œuvre de M. Machard, Mme *F. de V...*, cheveux châtains, assise

sur un canapé Louis XVI, le bras droit appuyé
sur un coussin, d'une grâce toute naturelle dans
sa robe de velours rubis dont les manches sont
retenues au corsage par des nœuds de ruban.
Un fond de verdure, profond, transparent, donne
une grande douceur au visage de cette jolie personne.

Nous rencontrons aussi, du même artiste, le
portrait de Mme G. J..., beauté d'environ vingt-cinq
ans, vêtue de rose, accoudée sur une console où
se trouve un vase d'iris, fond de tapisserie d'un
gris effacé. M. Machard donne à ses portraits un
charme tout particulier en dehors de leurs grandes
qualités de facture. Il a l'air de ne peindre que
des femmes irrésistibles.

Jusqu'ici la correction du Président de la République était le seul signe particulier qu'on s'effor-
çât de rendre. Nous devons savoir gré à M. CHAR-
TRAN de nous avoir donné un Président vivant. Il
a trouvé sous son pinceau un *Sadi Carnot* inconnu en peinture, la solution de ce problème :
« Étant donné Carnot, ne pas le faire en zinc,
comme il paraît à première vue. » Celui-ci nous
regarde avec douceur; il est intelligent, très noble
et très humain. M. Chartran l'a fait renaître à la
vérité. C'est du patriotisme !

Les portraits de M. Baschet, Mme *Louis L...*, et
Mme *P...*, sont très bien étudiés, on ne peut mieux
chiffonnés comme fourrure et soie. Pour ces images de petite dimension, il est parfait. C'est, dans
ce genre, une tête de file qui doit s'efforcer d'entraîner la jeunesse à sa suite.

Du blanc, du rose, de la jeunesse, de l'innocence. Total, une merveille de M. Comerre dans
la personne de Mlle *B. N...*, en robe corail tendre,
ornée de plissés de gaze d'un ton plus tendre encore, le tout fondu dans le blanc soyeux du fond.
Le grand coloriste a trouvé moyen de répandre
sur cet ensemble une richesse, une finesse de tons
qui captivent les regards, vraie peinture en fleurs.

Ravissante jeune fille, Mlle *H. R....* peinte par
M. Saintpierre, robe rose avec deux notes noires,
chapeau et éventail, c'est une des plus belles toiles
dues à ce maître.

Elle nous égaie de sa jeunesse et de sa beauté
pendant que l'auteur, d'une ressemblance parfaite,
jouit de son succès dans un coin : « *Monsieur
Saintpierre!* » s'écrie-t-on, en allant droit à lui.
On est tout surpris qu'il ne réponde pas.

M. Doucet n'a, cette année, que le portrait de

M. Pelpel, bien portant, aimable, avec de beaux cheveux blancs, assis dans son fauteuil vert sur un fond Bonnat--vanillé. Les mains sont superbes, l'expression fine comme l'esprit de l'artiste.

M. DAWANT expose un beau portrait d'homme, morceau élégant quoique ferme, d'une touche concise. Les mains sont excessivement soignées. L'artiste a su dissimuler la monotonie du costume par l'ingéniosité des détails. Le mac–farlane retroussé, laissant voir la doublure de soie, atténue les lignes rigides du vêtement masculin.

Nous voyons le peintre YVON, peint par lui-même avant son départ. Il est triste, ses yeux sont rougis par les larmes. On sent combien il regrette de quitter la vie que lui avait faite si douce sa gloire et une femme adorée. C'est navrant!

Mme Consuelo FOULD, après son succès de la *Marchande de fleurs,* à Londres, aborde la difficile étude blanc sur blanc, et réussit à merveille avec le portrait du *Marquis de G... au Tonkin.* Les étoffes sont soyeuses, le fond recule. C'est doux et bien gradué. La tête, s'accusant en vigueur sur la teinte claire, s'accentue par la ressemblance, par l'expression énergique et calme

du modèle. Le brillant officier, doublé d'un explorateur, se repose entre deux expéditions dans
son intérieur tonkinois, vêtu du costume indigène,
rendu indispensable par le climat, et rehaussé par
la décoration annamite qui lui donne rang de man-
darin à la cour du roi de Hué.

Le superbe portrait du *Général Ferrier*, par
M. Armand-Dumaresq, bien campé sur un fond
vigoureux, riche de couleur, est d'une expression
franche et douce, noble sans affectation.

M. Berne-Bellecour fils, — car notre artiste
admiré a déjà un grand fils, — a fait le portrait
de sa *Nièce*, ravissante dans sa robe verte, sur
fond prune.

Il faut admirer une femme en rouge, *M*me *de
C...*, par M. Giacomotti.

Après avoir, en 1892, exposé le portrait frappant du *Prince Georges Stirbey*, l'homme au
grand cœur, Mlle Achille-Fould, en 1893, s'inspira de la femme au grand talent, Rosa Bonheur.
Elle avait étudié la célèbre artiste d'après nature,
à By, entourée non seulement de ses grandes œu-

vres inachevées, mais de tous les objets d'art compagnons intimes de sa vie austère[1].

Cette année, Mlle Fould a fait un portrait d'une grande beauté avec la fille du premier de nos graveurs en médailles. *Mlle Alphée Dubois*, à qui l'artiste n'a rien ôté de ses charmes, apparaît avec ses chairs éclatantes, jeune fille aux cheveux noirs moussus, que ses bijoux kabyles et son costume oriental font encore plus belle, si c'est possible. C'est aimable et doux, les étoffes sont brillamment traitées, les joyaux font illusion : le succès obtenu est pleinement justifié.

Mlle Achille-Fould est un peintre que ses grands efforts portent en avant et qui marche vite.

Bien « at home », assis sur un canapé jaunâtre, dans un salon empire, *M. Ad. d'E...*, le banquier bien connu, le savant économiste, est d'une ressemblance frappante avec son air fin, doux et accueillant. Excellent portrait, seul envoi de M. Loustaunau, envoi qui en vaut bien plusieurs autres.

Regardez le portrait de *Mme de L...*, signé Mengin, cette dame en brun assise, le coude appuyé sur son bureau Louis XIV, près d'un vase de

1. Ce tableau est au musée de Bordeaux.

fleurs vaguement jaunes, dans un intérieur sombre. Elle pense, chose bien rare dans un portrait.

Mlle J. Lapointe étudie et finit toujours ses
œuvres. Nous signalons d'elle, tout spécialement,
le portrait de *Mlle J. Tarride*. Il est trouvé comme
pose, très réussi comme exécution.

*　*
*

En somme le Salon de 1894 est tout particulièrement intéressant. Bien agencé, merveilleusement
composé comme angles et panneaux, par MM. Vigneron et Prétet, dont les portraits riants animent
la Main chaude, de Roybet, il a produit plusieurs
véritables chefs-d'œuvres de la grande école moderne.

Mais les absents!... Où sont-ils? Savent-ils, ces
messieurs, qu'on les regrette? Paul Dubois, garde-
t-il pour lui ses belles œuvres? Gérôme ne peint-
il plus? Et Pelez? Après ses débuts si brillants
qu'ils éclipsaient tout, ses tableaux de *Misère*, si
riches en succès, et d'une opulence insultante de
talent, ce peintre étrange, Parisien trempé d'Es-
pagnol, tenant du gavroche rapin, et du peintre
grand seigneur, Pelez est devenu tout à fait invisible aux télescopes les plus perfectionnés. O. Mer-

son, peintre de la *Vierge?* Flameng? Où sont-ils?
et MM. Dagnan-Bouveret, Carolus-Duran, L'Her-
mite, que font-ils au pied de leur Tour de fer, où
sœur Anne ne verra certes pas venir vite les
habits verts?

Nous déplorons leur absence, car nous ne sau-
rions oublier ceux qui nous ont une fois charmé.

SALON DE 1895

SALON DE 1895

Devant le printemps, qui éclate dans la nature, le ciel se découvre avec respect. Les esprits sont en feu, les cœurs battent fort. On a soif d'amour, de beau, d'idéal. Si la vie ne contient pas tout cela, l'art du moins le contient : des génies brûlent leurs âmes pour entretenir ces feux suprêmes. Qu'ils nous prennent donc dans leurs rêves. Entrons au Salon, et visitons l'exposition des Beaux-Arts.

Quelle queue ! On attend... avec patience d'abord; mais la patience ne dure guère, quand on est pressé de voir... Encore, si l'on pouvait admirer de face le beau groupe en bronze qui s'élève majestueusement sur la place : *Patrie,* par M. Croisy! On ne voit que le dos... très bien fait, mais cela ne suffit pas. La foule, serrée en long ruban, s'agace, s'irrite, piétine. La porte s'ouvre. On se presse, on se pousse, on s'échauffe, on tient ses cartes en l'air. Enfin, l'on entre.

Enjambons vite le grand escalier. Le Palais

s'ouvre, débordant de merveilles pour charmer nos yeux, de grands sentiments rêvés pour consoler nos cœurs endoloris par les réalités.

Si Dieu a créé la nature, l'homme a inventé les arts qui en sont la reproduction et la mettent à toute heure à notre portée sous les aspects les plus frappants.

Regardons vite, car nous ne verrons jamais tout. Au premier moment on ne sait où porter les yeux. Tout vous attire, tout vous appelle; mais un grand souffle de vérité vous captive.

L'idéal et la vérité sont inséparables dans l'art.

De leur union parfaite naissent l'enthousiasme qui nous exalte, la poésie qui nous élève dans les hautes régions du génie.

Les peintures trop marquées au sceau des temps, produits bizarres des caprices et des modes, divagations des pinceaux guidés par des esprits surchauffés ou vidés, régal des blasés, réjouissance des envieux, passeront et passent déjà, en face de la majestueuse et immuable nature, inaccessible aux impuissants.

Faites des arbres violets, des terres bleues, des ciels noirs; désarticulez des êtres ; soyez étranges pour attirer les regards, vous pourrez entrer au Salon, y être récompensés, voire même décorés plusieurs fois « in crescendo » ; vous pourrez grimper en usant bottes et ongles sur tous les petits sommets inventés par nos contemporains; mais vous ne toucherez pas l'âme collective des

peuples, qui seule vous emporte à la postérité. Ou
vous serez vrais, ou vous ne survivrez pas. Chaque
jour a ses erreurs qui passent avec lui; seule la
vérité demeure, s'impose, et fait des hommes
immortels.

A tous ceux qui la cherchent, l'implorent, elle
jette un reflet qui devient charme irrésistible. Ses
secrets sont autant de forces pour celui qui s'en
empare.

N'est-ce pas s'élever au-dessus de l'humanité
que de saisir dans la nature l'idéal réel, le beau
vrai? Et n'étaient-ils pas un peu dieux à leur
manière ces Michel-Ange et ces Raphaël, qui nous
ont laissé dans des images tout un monde sorti de
leurs mains, un monde qui vit après eux et vivra
longtemps encore après nous?

Depuis que les grandes indépendances, les har-
diesses à tous crins ont été s'abattre en arc-en-ciel
au pied de la Tour de fer, le grand art reprend
pleine possession du Palais de l'Industrie. Quelques
Loïe Fuller se voient bien encore çà et là, comme
des lueurs électriques attardées; mais le champ
de bataille reste aux maîtres.

L'inspiration, le travail consciencieux ont récon-
quis leurs droits. Ingres dessinait, Delacroix peignait; c'était la lutte de la forme et de la couleur.
Nos peintres s'efforcent, non seulement de dessiner,
mais aussi de peindre, et l'on est ému, presque
fier, en pénétrant dans le Palais de l'Industrie,
paré des immenses travaux de nos artistes militants.

ALLÉGORIES

La Vérité travestie, déguisée, soupçonnée, bafouée, torturée, épuisée d'efforts toujours renouvelés et toujours stériles, est morte au fond de son puits, après d'inutiles combats. *Mendacibus et histrionibus occisa in puteo jacet alma Veritas.* « La sainte Vérité n'est plus, les comédiens et les menteurs l'ont tuée. » Elle est gisante au fond de son puits. C'est là qu'il faudra désormais chercher ses restes, dans un dernier reflet du ciel, où son principe demeure. Œuvre digne du maître Gérome : C'est tout dire.

Une splendeur s'offre à nous : *Psyché et l'Amour.* Eros, beau comme jamais encore on ne le peignit, d'une intense suavité de lignes, d'une nuance de chairs inouïe, emporte au zénith Psyché, ivre de bonheur, ses ailes de papillon presque fermées dans sa chevelure, les mains serrées sur sa poitrine.

L'Amour qui s'est emparé de l'âme ne s'élève-t-il pas ainsi au-dessus de tout ? C'est d'une envolée si rapide, si divine qu'elle nous emporte nous-mêmes dans des régions éthérées. Sans vouloir jouer sur les mots, le ravissement de Psyché par l'Amour est bien le ravissement du public par M. BOUGUE-REAU.

Magnifique, le plafond que M. BENJAMIN-CONS-TANT destine à l'Hôtel de Ville : *Paris conviant le monde à ses fêtes*. La composition est admirable, d'une richesse inouïe. Dans une navigation aérienne, la superbe ville est assise, comme sur un trône, à l'arrière de son bateau corail, style Louis XV. Elle glisse sur les nuages. « Fluctuat nec mergitur. » Son large manteau de cour brodé d'or, doublé d'hermine, est ouvert. Elle paraît en costume de bal, une étoile au front, jeune, spirituelle, jolie, attrayante et capiteuse comme il convient. Sa main s'appuie fièrement sur son écusson.

Du côté droit, qui semble réservé aux travailleurs, deux énergiques rameuses emportent de leurs vigoureux coups d'aviron le bateau dans les airs, une à demi couverte par une draperie violette, l'autre laissant glisser sur ses épaules une gaze jaunâtre. Elles ne sont ni brunes, ni blondes, ni rousses, mais de la couleur châtain des femmes de Paris, et rament avec l'ardeur exubérante de Parisiennes qui s'amusent. Du côté gauche, réservé au « high-life », la Ville, de sa main gantée, tient un éventail. Et deux élégantes d'un blond poudré, d'un roux teinté, rament aussi avec entrain malgré leurs riches toilettes rose de Chine et vert tendre.

Le Progrès souriant, couronné de roses, pousse de toutes ses forces le bateau que la Liberté, lancée en avant, grandes ailes déployées, tire de la main droite. Sa main gauche, très étendue, présente dans l'espace un parchemin : l'appel au monde entier. En avant, les nues se déchirent pour laisser voir un ciel bleu intense et, de gauche, une ardente lumière frappe la ville de Paris, ricochant sur tous les autres personnages.

La grâce, la beauté, le charme, sous la forme d'une femme surchargée de fleurs, accompagnent le bateau. C'est beau, entraînant... Ah! qu'il ferait bon répondre à cet appel de fête, et danser un peu aux éclats harmonieux d'un orchestre gigantesque !

L'Espoir reste invincible ; — Spes invicta manet, grande œuvre de M. G. FERRIER, est une explosion de couleurs aussi franches qu'harmonieuses. Quelque jeune princesse a dû servir de modèle pour donner au personnage une telle distinction. La robe de velours du Nord, brodée de turquoises, le manteau de damas vert, la beauté de la femme, celle de l'amour mort à ses pieds sous une

couronne de pensées, la perfection des attributs,
tout enivre le regard. Et l'idée des biens de ce
monde, s'anéantissant devant la lueur d'une étoile,
est d'une philosophie profonde.

Mais la Fortune de M. MAIGNAN passe. Elle
descend sur sa roue les degrés de la Bourse, lançant l'or au hasard. Personne ne la voit. C'est le
marché sous les colonnes. Les derviches hurleurs
de ce lieu de délices sont en pleine fièvre de spé-
culation. On s'arrache les journaux. Un joueur
malheureux quitte la place, chancelant comme
un homme ivre. La misère pleure sur les marches, et nul n'aperçoit l'aveugle déesse, malgré le
beau soleil qui l'éclaire. Le monde d'argent se
perd en combinaisons pour deviner où elle peut
bien être. *La Fortune passe!* Sujet fouillé, très
bien traité.

Tout à côté, *la Muse verte* étreint dans ses griffes le malheureux poète qui l'a évoquée par l'ab-
sinthe. Elle ne le lâche plus. M. Maignan s'affirme
dans le genre allégorique moderne.

Sur le plafond de M. MACHARD, l'Amour s'élance
en plein ciel vers Psyché, qu'une légion de petits
génies lui apportent dans son palais. Il écarte le
voile qui l'empêche de la voir. La chère âme est

assoupie. Des fleurs, des fruits courant en guir-
lande, embaument l'air plein de joies d'enfants.
Rêve de Psyché, ravissante peinture d'un inspiré
qui reçut de la beauté de secrètes initiations !

M. COMERRE n'a pu malheureusement terminer,
à temps pour le Salon, les décorations destinées
à la salle des fêtes de la Préfecture du Rhône.
Les admirateurs du maître nous sauront gré de
dire un mot de ces belles compositions, entrevues
seulement par des intimes.

Les Cinq Sens, hommage à la femme. L'Amour
lui apporte des fleurs à respirer, c'est l'Odorat ;
des raisins dont le jus pressé dans une coupe l'enivre, c'est le Goût ; une lyre qu'elle fait vibrer dans
ses doigts, c'est l'Ouïe. Il se regarde avec elle
dans un miroir ; c'est la Vue. Enfin, pour rendre
le Toucher, l'Amour lui donne un baiser. N'est-ce
pas exquis ?

Puis vient *le Triomphe de Vénus.* La déesse,
appuyée sur son fils, est assise dans un char que
de petits génies, attelés de guirlandes de fleurs,
emportent dans l'espace. Le jugement de Pâris
vient de sacrer la déesse belle entre les plus belles.
Elle tient en sa main la pomme d'or, devenue sceptre
de gloire. Son visage rayonne de fierté. Composition d'une belle lumière, d'une grâce infinie.

M. Collin n'a pas trouvé la Vérité sur la terre. Elle y est morte, M. Gérôme vient de nous le dire. C'est dans le ciel qu'il nous la montre, assise sur un puits aérien, avec l'infini pour domaine. Cette légère et vaporeuse apparition, aux tons volontairement indécis, fait songer à ces figures capricieuses que la nue protéiforme dessine parfois dans l'espace. Elles ne font que passer et disparaître, mais elles nous laissent une sensation d'une ineffable poésie. *La Vérité* de M. Collin est heureusement moins fugitive. Une fois installée à la place qu'elle doit occuper en plafond, elle ne saurait manquer de charmer tous les mortels qui seront admis à lui présenter leurs hommages. Ce sera peut-être la première fois que la Vérité se trouvera à pareille fête.

En somme la composition, pleine d'originalité, ne pouvait être mieux traitée. Les plafonds veulent de la profondeur. Ce n'est pas ici la profondeur qui manque : le regard y plonge en plein ciel.

M. Saintpierre nous montre *Flore caressée par Zéphire*, en style moderne Zéphire flirtant avec la déesse Flore aux mains chargées de fleurs. Il la frôle sans la toucher. Les physionomies, souriantes dans leur fraîcheur ingénue, saluent le jour qui vient. Le charme enfantin de l'excessive jeunesse ajoute à cette œuvre un irrésistible attrait. Un ressouvenir sans affectation des peintres du

XVIIIe siècle a passé par là. Quelque boudoir dis-
cret fera ses délices de cette jolie toile. Impeccable,
toujours modeste, silencieux dans le recueillement
du travail, accueillant pour les commençants .où
il devine de l'avenir, M. Saintpierre est un de ces
grands modestes qu'on n'appréciera que trop tard
à leur juste valeur.

M. DEMONT, dont l'imagination, toujours en
éveil, est servie par un talent très personnel, s'est
souvenu des *Danaïdes*. Vêtues de noir, elles montent de l'étang où elles emplissent leurs amphores,
à la montagne sur laquelle se trouve le vase
troué où elles versent le contenu de leurs far-
deaux. L'eau s'échappe sans cesse et retombe
éclairée par la lueur du Phlégéton qui lance dans
l'air ses flammes rouges. A l'aspect de ce supplice,
qu'il contemple de ses regards verts, un sphinx
majestueux semble rêver. Que faire au Tartare
à moins que l'on ne songe ?

Jolie, la violoneuse de M. TOUDOUZE pensant à
l'amour, en foulant des violettes : *Chant d'automne*
dans le bleu !

Nous aimons beaucoup la *France-République*,
de M. LEMATTE. Elle ne manque ni de fierté ni de

majesté. Nous saluons le charmant génie qui
l'accompagne, dicte sa loi, dispose de la richesse
publique, et rend à chacun la justice qui lui est
due. Œuvre originale et charmante de foi.

M. ROCHEGROSSE, dont l'esprit curieux et chercheur ne dédaigne pas les échappées vers la fantaisie, a découvert une merveilleuse volière dont
les fils d'or retiennent en captivité un Décamé-
ron de jeunes et jolies femmes, gazouillant à qui
mieux mieux. *Babil d'oiseaux*, dit le livret. D'oiseaux fraîchement échappés du Paradis de Maho-
met ! C'est galant, parfumé, et doublé d'un talent
sérieux.

De M. Henri MARTIN : *l'Inspiration*. Les rayons
d'or d'un soleil couchant, filtrant dans une sapinière, y amènent la Muse antique, la Muse gothique, la Muse moderne, devant lesquelles un poète
en longue robe rouge s'en va méditant. La Muse
moderne, lys à la main, s'approche de lui. De ce
rêveur et du peintre le plus poète n'est pas celui
qu'on pense.

M. Henri Martin nous soumet aussi la grande
Frise qu'il destine à l'Hôtel de Ville. Un auteur,
dont les traits nous sont inconnus, et M. Jean-
Paul Laurens, plus lui que lui-même, tous deux

en costume moderne, personnifient la Peinture et
la Littérature au milieu de figures allégoriques,
aux ailes multicolores. Toutes, secouant des lauriers et des lis, imprègnent l'air de gloire et de
pureté. L'une d'elles donne au poète le suprême
baiser qui le fait en tout temps esclave de l'Amour,
pendant qu'à l'extrême gauche, la Jeunesse, sous
la forme d'un enfant, représente l'avenir. Composition d'une pureté toute métaphysique, d'une chaleur intense où M. H. Martin a mis la poésie méri-
dionale dans laquelle il trempe ses pinceaux.

Peinture claire et fond solide, jeune femme
avec dentelle noire sur la poitrine, cheveux roux
et légers largement flottants, *Primavera*, séduisante en diable, vêtue de riches étoffes, est éclose
toute joyeuse à la vie, au succès, sur la fraîche
palette de Mlle Romani. L'œil mi-caché sous la
paupière, rieuse, ses dents étincellent dans sa
bouche rose. C'est la jeunesse, la gaîté, le bonheur.
Elle rit, comme vous avez souvent vu rire des enfants, mais jamais des peintures : elles n'osent pas.
Celle-ci rit de tout son cœur, montrant dents et
gencives. Rien n'est plus charmant. Bravo ! la
vie est assez triste pour que l'art soit gai. Nous
souhaitons que ces heureuses tendances vers la
joie décident nos jurys à ne plus exiger, pour
récompenser la jeunesse, qu'elle leur donne des
ventres ouverts ou des têtes coupées.

Mais *la Verte Erin*, de M. LANDELLE, surgit, adorable dans sa majesté. Avec son voile étoilé, ses grands beaux yeux, ses mains rejointes sur sa lyre, elle semble rêver à l'au-delà.

Une agréable et correcte étude de nu, c'est la *Jeunesse* de M. Franc LAMY.

Les sujets mythologiques deviennent rares. En voici un pourtant largement traité. Jupiter, transformé de par sa fantaisie olympienne, s'apprête à faire un doigt de cour à *Pasiphaé,* mère future du Minotaure. La belle s'abrite sous les grands arbres d'une forêt au feuillage sombre. De chauds effluves montent du sol, saturant l'air, alanguissant l'intelligence au profit des sens. Au fond, le soleil qui part, pénètre par une éclaircie et roussit la cime des arbres. Le taureau blanc, incarnant le souverain des dieux, fait son apparition. M. Albert LAURENS arrive à faire comprendre ce que la fable a inventé d'inadmissible.

De M. E. BENNER : *l'Immortalité dans la Mort.* L'Immortalité, dont la couronne de lauriers s'est voilée d'une gaze noire, soutient une jolie Mort qui, malgré son grand deuil, conserve l'espérance. C'est éloquent.

Le Rêve du poète s'additionne d'un charme mystérieux par le sympathique souvenir qu'évoque son auteur. Cher envolé ! dont le rêve s'achève loin de ceux qui l'ont aimé ! Pauvre FRITEL !

Le talent de M. BISSON donne toujours au Salon une note de grâce qui se répercute, au dehors, en reproductions à succès, parce qu'il ne voit rien de plus élégant, de plus gracieux que la femme, et qu'il n'est pas seul de cet avis. Il nous la montre aujourd'hui *Dans les nuages*, suspendue sur des lianes fragiles de liseron, et bercée par des amours auxquels elle sourit. Cela donne envie d'être envoyé « à la balançoire », comme disent les écoliers.

Les Dénicheuses d'amours, du même artiste, jolies à faire perdre le boire et le manger, en laissent échapper un... Maladroites ! C'était bien la peine de vous faire si gracieuses, si caressantes aux yeux !... Soyez tranquilles, le fugitif n'ira pas loin, et reviendra vite.

Remarquable, le plafond que M. MARIOTON a intitulé *la Danse* ! L'amour y est en liesse, des nymphes masquées dansent, des génies les accompagnent d'instruments ou effeuillent des roses. Ce que c'est que de prendre la vie par le bon côté !

Mᴵᴵᵉ Abbéma s'est avisée de croquer au passage la personnification charmante d'un *Hiver* très gentil, traversant la place du Carrousel, le visage caché sous un voile et bien emmitouflé. Cette coquette apparition réconcilie avec la saison des frimas.

HISTOIRE

M. J.-P. Laurens expose la reconstitution des
murs de Toulouse, de l'ancienne Tolosa, où Simon
de Montfort tomba sous le projectile lancé par une
main de femme, ville de travail, de courage, de
patriotisme.

Toutes les allégories se rattachant aux souvenirs historiques de l'ancienne capitale des Volces
Tectosages se trouvent reproduites dans *la Muraille*,
groupées avec le sentiment de l'harmonie, l'élévation de goût qui régissent toujours les travaux de
M. J.-P. Laurens. Jamais rien de commun ni
d'excessif ne passe sous ses pinceaux.

*Le Maréchal Lannes au couvent de Saint-Pol-
ten* marque une évolution importante dans la carrière artistique de M. Dawant. Il nous avait donné
jusqu'ici, se gardant d'idées ambitieuses, des
sujets agréablement traités, sans autre souci que
de joindre la correction au charme. Mais voilà
qu'il aborde résolument la grande peinture.

Le maréchal Lannes et son aide de camp prennent une collation au couvent de Saint-Polten. Le
maréchal est imposant de vigueur et parfaitement
interprété. Quant à l'aide de camp, il regarde en
dessous la plus jolie des nonnes.

L'essaim des religieuses, doré par un rayon de
soleil et ruisselant de l'escalier jusqu'au maréchal,
est un ensemble de femmes des plus attrayants.
Ce tableau, comme entente de composition, dessin,
couleur, groupement de personnages, expression
de physionomies, distribution de lumière, est parfait.

Les *Stratégistes* de M. PILLE pointent deux
cartes pendant la guerre de Trente Ans. Ils ont
une ville à leurs pieds et la victoire dans leur
cerveau.

M. FLAMENG n'expose pas. Accablé de commandes, dominé par le désir de faire bien, mieux,
encore mieux, il oublie le Salon. Nous ne pouvons
pas l'approuver. Le beau tableau que nous avons
admiré dans son atelier, *une Chasse à Fontainebleau sous le premier Empire*, est une œuvre
dont on n'a pas le droit de priver le public.

L'empereur et l'impératrice, les principaux personnages du temps, y sont rendus de main de
maître, très ressemblants, habillés avec une exac-

titude qui fait illusion. On dirait que M. Flameng
était un des invités. C'est en Russie que le jeune
peintre a découvert les documents précieux qui
lui ont permis d'arriver à cette parfaite réalité.
Non seulement les visages, les mains, mais les
étoffes, les chevaux, les chiens sont admirablement
finis. La variété des couleurs offrait une grande
difficulté, mais rien ne choque. Les tons, bien
ménagés, se rencontrent sans se heurter autour
de la pelisse de velours rouge qui cache la robe
blanche de Joséphine. L'impératrice était, comme
on le sait, toujours vêtue de blanc.

Dans un décor grandiose, M. Maurice Orange
a très bien vu *Bonaparte en Égypte*, rêvant à
l'aspect d'une momie qui lui parle probablement
de la vanité des grandeurs humaines. C'est d'une
haute philosophie et d'un vif intérêt artistique.

Le Tirage au sort d'une nouvelle Vestale, par
M. Hector Le Roux, rappelle les triomphes de ce
peintre dans le genre Gréco-Romain. La prêtresse
est là, ses cheveux blancs ceints du laurier d'or,
entourée de jeunes filles déjà consacrées à Vesta.
Le Grand-Prêtre, debout dans un sillon de lumière, tire de l'urne le nom de la nouvelle sacrifiée. Elle s'avance, résignée. Une gravité hiérati-
que, qu'adoucit un rayonnement de jeunesse et
de beauté, illumine cette œuvre importante.

Lanuzia, la Vestale, du même artiste, a laissé
le feu sacré s'éteindre. Pour échapper au supplice
qui l'attend et n'être pas enterrée vive, elle s'est
jetée par la fenêtre. Un sentiment de pénétrante
tristesse se dégage de cette composition.

De M. Rouffet, *l'Aigle et l'Etoile*. Au bord de
la mer, dans une nuit sombre, tout dort, les
hommes couchés, les chevaux debout. Le drapeau
dominé par l'Aigle est planté en terre, regardant
au ciel l'Étoile que le César moderne croyait la
sienne.

L'excellent tableau d'histoire, le *Centenaire de
l'École Polytechnique*, d'un style noble et d'une
harmonieuse tonalité, a pour auteur M. Du-
pain.

M. Orchardson a été bien inspiré par sa
*M*me *Récamier*, mollement assise sur un canapé
au milieu de ses amis. A gauche, Talleyrand, Lucien
Bonaparte, Metternich, Canova, Montmorency ; à
droite, Foucher, Delille, Cuvier, rien que des
hommes. Mme de Staël, dans un extrême coin, a
l'air de faire bande à part. L'esprit s'efface devant la beauté. Le peintre, de haute marque,
aime le jaune, on le sait. Sa toile est encore bien
ambrée! mais enfin... c'est beau.

Un dragon blessé, enveloppé d'un manteau gris, tire par la bride son cheval qui résiste et semble ne pas vouloir quitter le champ de carnage. La route, ravinée de flaques d'eau bleue, est jonchée de cadavres. Un bel effet de soleil dore joyeusement les forêts du dernier plan. Ironie de la cruelle nature ! M. GROLLERON n'est pas *Hors de combat,* comme le modèle de son choix. On ne saurait unir plus de science à plus d'art.

M. Georges CAIN n'est pas triste au moins. Son *Bulletin de victoire* enguirlande les rues. Les femmes s'enrubannent de nuances tricolores. En ville tout est réjouissance. Toile alléchante.

Les lettres, les sciences et les arts au Moyen Age, tableau qui doit être exécuté par les Gobelins pour la Bibliothèque Nationale, salle Mazarin, est dans le style voulu, et nous paraît fait avec le plus grand soin par M. EHRMANN.

Très intéressante composition de M. de CORDOVA : *Sous la Terreur Blanche.* Le général comte Gilley, réfugié chez des paysans, craint d'être surpris. Il regarde anxieusement par la fenêtre tandis que sa délicieuse petite femme, qui l'observe de loin, est dévorée par l'inquiétude, ce qui ne l'empêche pas d'être jolie.

Ne regardez pas *la Mort de Chalier,* par M. Spriet, si vos nerfs sont délicats. Un décapité de 1793 gît sur le carreau chez un sculpteur qui, plus loin, lave sur une table rougie de sang la tête qu'il va modeler. Une dame âgée, idiotisée par la douleur, une femme folle de désespoir, sont près du mort. C'est aussi terrible que bien peint.

En allant aux champs, des paysans de M. Manceaux trouvent, près de Sedan, un soldat mort sur un canon. La femme s'agenouille, et nous essuyons une larme devant ce souvenir de *la Débâcle.*

GENRE

Violetta, délicieuse jeune fille rousse aux cils d'or, est si attrayante que vous allez droit à elle! Ces œuvres de professeur, poussées jusqu'à l'extinction des études, sont précieuses. Tout est ravissant! jusqu'aux moindres détails. Jamais on ne vit violettes aussi bien faites que celles mises au corsage de cette toute jeune beauté, enfantée par M. J. LEFEBVRE.

Le tableau de M. ROYBET est, comme toujours, une « great attraction ». Cette fois, il a quitté le genre galant pour s'élever dans les hautes régions de la société.

Il nous donne une scène de famille au temps de Louis XIII. Une femme, gracieuse et jolie, regarde ses enfants danser au son d'une guitare dont joue un seigneur, — son mari, sans doute, — assis sur une table haute recouverte d'une lourde étoffe de tons clairs. La lumière, très éclatante, tombe d'en

haut sur la noble famille, s'accrochant aux plis
de velours ou de satin. Le décor, aux balustres de
vieux chêne, aux anciens cuirs de Cordoue, aux
riches tentures drapées, forme le fond splendide
d'où le groupe se détache. C'est une belle œuvre,
aussi gaie qu'attrayante, un superbe tableau qui
restera pour l'avenir et réjouit le présent.

M. Roybet est, en art, le porte-drapeau de notre
« Renaissance ». Nous employons à dessein ce mot
de Renaissance, car, après l'influence néfaste des
« décoristes » égarés par Puvis de Chavannes, et
les divagations de l'Art nouveau, il y a eu, grâce
à l'influence hardie de ce maître, un retour à l'art
vrai, aux riches couleurs. Les grands maîtres modernes : Bouguereau, Henner, Bonnat, Benjamin-
Constant, avaient beau prêcher d'exemple et rester
sur les cimes, on les traitait de « vieux jeu », quand
Roybet, tout à coup, fit irruption dans les affadisse-
ments d'une peinture anémique par l'éclatant succès des couleurs vraies. La jeunesse intelligente
ne résista pas. Elle suivit le char de triomphe
pour revenir soumise à ses grands initiateurs mé-
connus, et nous aurons encore des Rembrandt,
malgré le siècle du papier peint.

Nous avons grondé si fort M. Tony ROBERT-
FLEURY, l'an dernier, pour sa paresse à l'endroit
du Salon, que nous nous targuons d'avoir un peu

contribué au plaisir qu'il donne au public par la
vue de *Maternité*.

C'est la femme, jeune et belle, voluptueusement
perdue dans l'amour de l'enfant, séparée du monde
par un berceau. Elle est toute à ce petit morceau
d'elle qui lui a pris de son sang, de son âme, et
dont la tyrannie sera désormais sa plus grande
joie secrète. Cette femme est la vraie femme, servante de la nature, collaboratrice de Dieu, avec
lequel elle a des affinités, la seule que l'homme
puisse vraiment aimer et dont, en sa mémoire, il
garde le nom jusque dans la tombe et, peut-être,
au delà.

Le tableau de M. Robert-Fleury dit tout cela
dans sa rayonnante éloquence. C'est que ce maître
n'est pas seulement peintre. Il sait, il prouve.

Au *Repos pendant la séance*, une femme, pelo-
tonnée sur un canapé, se délasse des fatigues de la
pose en grillant une cigarette, tandis que le peintre, au piano, cherche à se remémorer quelque
mélodie oubliée. Le tout, d'un style pur, d'une
observation spirituellement exacte, prouve le savoir de M. Barrias aux inspirations variées.

Plus loin, son *Étude*, une aimable personne vêtue
d'un fichu d'Albanaise qui la déshabille galamment
et montre ses formes finement modelées.

Dans l'arrière-boutique d'un marchand de vins, un homme, hissé sur une table, harangue une quarantaine d'ouvriers. On l'acclame, on l'applaudit. A gauche, un vieux philosophe écoute froidement. Au premier plan, un ouvrier, gris ou las, reste pensif ou endormi sur sa chaise. A droite, une femme, un enfant sur les bras, cherche à entraîner son mari qu'un autre petit enfant anxieux regarde. Le jour tombe, de légers nuages de fumée courent dans l'air. Au fond, une note verte tire l'œil dans un jardinet. *Avant la grève* est une scène terrible, où l'on sent toute la puissance du grand maître hongrois, M. de MUNKACSY.

A la croisée, de M. R. COLLIN. Habillée de rose, fondue dans les lueurs du matin, une jeune fille a ouvert la fenêtre, et nous regarde avec des airs de rêve, des appels de bonheur.

Une autre *Jeune fille*, de M. Collin, apparaît, vêtue d'idéale blancheur dans ses jupes multiples de mousseline sur mousseline transparente, flottant sous l'action d'un souffle invisible. Le visage un peu ombragé par le feuillage qu'une légère brise fait bouger, elle paraît tout étonnée de nous voir là. Tour de force de plein air et de talent, fantaisie shakespearienne, songe d'un jour d'été !

12.

Un beau bébé, assis sur une petite chaise de jardin, a les yeux tout brillants. Sa jolie bouche essaie un mot tendre pour quelque maman adorée. Cet ange à son *Petit lever* est signé Dantan.

M. Dantan expose aussi *le Temps passe vite,* toile très importante. L'homme et la femme se sont aimés, et s'aiment encore. Le cœur doucement calmé, ils s'appuient l'un contre l'autre, rêvant à l'avenir avec une tristesse instinctive. Le printemps s'effacera, leurs beaux corps (car ces corps sont très beaux) vieilliront. Le temps passera, entraînant avec lui les amours dans l'hiver de la vie.

Une douce mélancolie se répand sur l'œuvre de M. Dantan. Le paysage se tait. L'eau est dormante, le ciel atone. Le couple goûte la joie passagère d'être deux. Mais tout va pleurer. Cette peinture pensée est belle de philosophie humaine. L'idée de présage vient à l'esprit [1].

Un marmiton en vareuse rouge et béret blanc, un chat, un chaudron rutilant sous le *Reflet de soleil;* puis deux autres marmitons, vrais gamins

---

1. M. Dantan mourut, peu de temps après, d'un affreux accident. Le cheval qui traînait la légère voiture où il se trouvait avec sa femme, à la campagne, s'emporta. Le peintre eut le crâne brisé.

de cuisine, l'un en veste jaune, l'autre en veste rouge, faisant des *Bulles de savon* dans une vaste terrine verte : voilà deux très bons tableaux de M. J. BAIL. Mais l'artiste a-t-il changé d'éclairage? Son envoi est plus poussé au noir que les précédents. Il n'en est pas moins digne de lui.

L'exposition de M. Hippolyte LUCAS, *l'Apercevance,* nous impressionne beaucoup:

« C'est une croyance populaire sur les côtes de
« Bretagne et de Normandie que, si un marin est
« en péril de mort imminent, un de ses plus pro-
« ches parents voit soudain une lueur mysté-
« rieuse. Cela s'appelle une apercevance. »

La scène est effrayante. Sur le gouffre où l'ouragan se déchaîne, les flots se soulèvent en montagnes immenses : le vent souffle en tempête. La mer en fureur frappe la croix et le refuge de pierre où les malheureuses femmes de pêcheurs, folles de peur, sont venues s'abattre, implorer Dieu. Fouettées par les vagues qui bavent partout leur écume, ces femmes sont très belles. L'une d'elles, se dressant tout à coup, superbe d'énergie et d'exaltation mystique, pour interroger le visage du Christ, aperçoit l'auréole fatale. Elle est étonnante de stupeur, et la poignante expression de sa physionomie fait froid au cœur. L'œuvre est superbe.

Délicate composition, *la Bague des Fiançailles* de M. GILBERT : un beau garçon, très amoureux, donnant une alliance avec un baiser à sa jolie promise. Elle tend gentiment sa joue et, pour dissimuler son émotion, regarde la bague qu'il vient de lui passer au doigt. Les parents assistent, les yeux mouillés par l'émotion, à cette scène attendrissante qui leur rappelle de vieux souvenirs.

Amour maternel, paternel, filial et conjugal, sont réunis sur ce groupe de Parisiens de Paris, de ceux qui, plus que d'autres, rapportent tout à l'amour. La toile a le charme du talent et celui du cœur.

M. Gilbert cherche l'antithèse. A *la Porte Clignancourt*, des forains divertissent le peuple qui s'ébat sur les gazons des fortifications. Au fond, un corbillard s'éloigne. On y est habitué, c'est la route du cimetière. La mort passe, et l'on rit tout de même. Scène parisienne enlevée avec beaucoup de « brio », de savoir.

Originale composition de M. GERVAIS, *Dona Maria de Padilla* sortant du bain ! De galants cavaliers vont en boire l'eau,... pas tout entière. Belle inspiration.

Voilà M. BRISPOT *Chez le barbier*. Par la

fenêtre de la boutique, nous apercevons le Figaro
de village, ses lunettes sur le nez, en train de ra-
ser un client. Une femme coud au premier plan.
Un don Juan du crû, fraîchement rajeuni, se regarde au petit miroir pendu dans la partie supé-
rieure de la porte et se caresse le menton. Cet
irrésistible se demande avec complaisance à
quel tendron il va donner l'étrenne de sa barbe.
Assis sur un banc devant la boutique, trois paysans attendent leur tour de passer sous le fer du
sacrificateur. L'attitude naturelle des personnages
et l'expression des physionomies sont amusantes
au possible.

Boum, boum! Zing, zing! *Entrez! Entrez!*
c'est 25 centimes les premières, deux sous les se-
condes, nous crie la petite foraine de Mlle ACHILLE-
FOULD, en robe écarlate, et de frapper à coups redou-
blés sur ses cymbales et sa grosse caisse. Le spectacle commence. Restée seule, l'enfant fait de
son mieux la parade. Ébouriffée par le vent, ses
chairs de rousse éclatent au grand jour. Elle ne
sait pas qu'elle a grandi et ne songe qu'à la recette. L'étude de plein air est consciencieuse et
fouillée. Tableau on ne peut plus amusant.

Mlle Achille-Fould, dans un genre tout à fait
opposé, nous montre *Peau-d'âne*. Malgré son ab-
jecte enveloppe, on lui a essayé la bague qui, en-

trant à son doigt, lui donne le droit d'épouser le
prince. L'infante rejette son odieuse fourrure et
paraît dans tout l'éclat de sa beauté, tout à fait
éblouissante sous sa robe couleur de soleil.
Grande difficulté vaincue, pensée charmante.

« Deux coqs vivaient en paix, une poule survint.
« Et voilà la guerre allumée. »

En l'espèce, il ne s'agit pas de gallinacés, mais
d'une pauvre femme qui regarde s'attaquer, se
mettre en quartiers, deux butors colériques, ef-
frayants de réalité. *Les deux coqs* et l'unique spec-
tatrice de leurs prouesses forment une scène d'un
réalisme saisissant. Belle peinture de M. DEBAT-
PONSAN.

Les canotiers de M. GUELDRY, *Sur la berge*,
raccommodent leur bateau. Toile bijou.

Plus loin, d'autres viveurs aquatiques, ou marins
d'eau douce, accompagnés de leurs folles Égéries,
font *le Saut du barrage* avec force éclats de rire.
C'est tout jeunesse et soleil. Pil...ouitt! On ne
s'ennuie pas dans ces parages!

Nous signalons *Une boutique d'antiquaire* sur
un pont de Venise, une entrevue de pays par
M. BOMPARD.

M. Saint-Germier a trois superbes grands hommes rouges montant un escalier. Le premier porte une croix, le second une lanterne, le troisième un drapeau : *Confrérie de Saint-Marc.*

M. Jean Veber nous fait assister à la bousculade de culs-de-jatte demi-nus se ruant sur un porte-monnaie. Les plaies s'ouvrent, le sang ruisselle, l'*Éternelle convoitise* ne réussit pas à ces querelleurs. Étude anatomique peu réjouissante, mais très réussie.

La *Leçon de modelage,* bonne toile de M. Zwiller, signale un peintre de talent, travailleur, qui comprend l'importance de la composition aussi bien que celle de l'exécution.

L'esprit des œuvres de Molière est excessivement difficile à rendre en peinture. M. Morlon a très joliment représenté le second acte du *Misanthrope,* scène des portraits. Il y a là de l'exactitude, de la finesse. Toile de musée, cela va sans dire.

M. Monginot a bien campé son *Marquis* en habit de gala. Il descend d'une chaise à porteurs, et va

sans doute assister à quelque petit lever dans la
ruelle d'une beauté de six ou huit ans. Que son
excursion à travers le pays du Tendre lui soit légère! Il a du temps devant lui.

Peu patient, le militaire que patronne M. Grolleron. « *Après toi, s'il en reste!* » s'écrie-t-il,
pressé d'allumer sa pipe. C'est fait à ravir.

M. Chocarne-Moreau nous prouve que *Chaque
âge a ses plaisirs*. La volupté que goûte un gamin à emplir de cailloux le shako d'un militaire a
autant d'intensité que celle qu'il goûtera plus
tard en flirtant, comme son voisin, avec une bonne
d'enfant ou avec toute autre Ève, suivant le rang
qu'il occupera.

L'île de la Grande-Jatte, rendez-vous des
belles dames de la cour de Louis XIV, est aujourd'hui l'Éden de la jeunesse peu dorée, exubérante et tapageuse. Avec ses arbres épais, remplis de gais orchestres et de fleurs, émaillée de
pêcheurs et de barques, aux pieds de la ville
comme une enfant qui joue, elle vient d'inspirer à
Mlle M. Guyon sa *Chanson d'amour*, effet de soleil sous bois. Le fleuve, au bas de la berge, nous
frappe par une grande sincérité d'impression unie

à l'habileté du faire. Et puis, qu'ils sont typiques ces deux personnages : une femme, ou quelque chose qui y ressemble, lançant à plein gosier sa « Chanson d'amour », un déclassé l'accompagnant du frou-frou d'une guitare enrouée !

Les jolies poissardes de M. KAEMMERER, sans gêne, s'injurient à leur aise. On les entend de loin ces *Marchandes de marée !*

M. BÉROUD, avec sa *Symphonie en rouge et or,* grande toile très théâtrale, décore tout un côté de salle par ses nus hardis et ses richesses d'étoffes, de fleurs et de fruits.

Entendez-vous crier sur un air connu :
« Des choux, des poireaux, des navets, des carottes ! Navets, navets !.. »
C'est *le Marchand de quatre saisons* qui vient avec sa petite fille, évitant un omnibus et une « Urbaine ». M. SCHRYVER les a vus, les a pris : les voilà !

Une mère a passé toute la nuit à travailler. Écrasée de fatigue, elle s'est endormie sur son ouvrage. L'enfant se lève avec le jour, et tous deux baisent au front, sans l'éveiller, la chère et vaillante créature. Il y a dans *la Veillée* tout un poème de misère et d'héroïsme écrit par M. Bréauté en quelques coups de pinceau.

Une trouvaille, coquin de Pierrot extirpant délicatement une bourse d'un riche habit de velours vert! La desserte, sur un coin de table, prouve que le drôle avait bien bu. Peinture pleine d'humour par M. Alexis Vollon.

Signalons *Revendeurs et revendeuses,* de M. Tanoux, talent prouvé.

La dame de M. Désiré Lucas, coupant un fil dans sa reprise, est un petit morceau de derrière les fagots. *Reprise difficile!*

Mais nous voici en pleine vie contemporaine avec l'*Heure de la soupe à la porte d'une caserne,* par M. Leydet. Cette composition magistrale joint à la vérité de l'observation, au naturel des personnages, un sentiment de là ligne et des qualités de coloriste rares.

Un coup d'œil au *Fil à la plume*, délicate petite toile, genre Vibert, par M. LAISSEMENT.

On quitte tout pour courir à la fenêtre, on se bouscule. C'est *la Mariée qui passe*. Les jeunes filles s'écrasent, le bébé tombe. Seule, la grand'-mère ne bouge pas... Elle se souvient trop ! Pour elle, le prestige n'est plus. Vivant tableau de M. MIRALLÈS-DARMANIN.

Une vieille *Couseuse*, dans la grande manière de M. CROCHEPIERRE, borde une couverture avec attention.

On devrait mettre un tronc pour les *Pauvres gens*, de M. TRONCY. Ils feraient recette.

Une coquette, par M. VASSELON, cherche de quels bijoux elle rehaussera sa beauté. Jolie petite toile de très bon goût.

La *Rieuse*, belle chose aussi sérieuse d'exécution que gaie de composition, fait son effet, quoique haut perchée. On la verrait partout, c'est si bien ! Mais pourquoi ne pas être juste avec Mlle MERCIER?

Elle est femme et trop modeste? C'est vrai; mais
elle a beaucoup de talent, et on la découragera.

M. de DRAMARD, paradoxal à ses heures, veut
prouver qu'il n'est pas tout à fait impossible de se
plaire avec des oies. Il en a vu de pittoresques
dans un *Intérieur d'auberge*, et, vite, il nous
les amène.

Charité, par M. E. LEROUX, fils du sympathique
statuaire, nous frappe par sa sincérité et le charme
qui s'en dégage. Ligne et couleur ne laissent rien
à désirer. L'enfance donnant à la misère, subtile
délicatesse d'idée!

PAYSAGE

———

Le grand paysagiste M. Français expose une *Vue d'Antibes* prise des hauteurs du Cap. L'ample talent de ce maître est à l'aise dans le vaste décor du Midi. La Méditerranée, d'un ton doux, semble bornée par les montagnes lointaines. Les premiers plans sont ombragés. Un bel olivier au feuillage transparent remplit presque entièrement de sa verdure légère cette toile attrayante. Le Midi tout entier semble être endormi sous son ombre.

Du même maître, la *Récolte du chanvre* aux bords de l'Indre montre un ciel assombri ; l'orage s'annonce, mais la lumière brasille encore sur les eaux tranquilles. Un paysage aux mousses verdoyantes, au sol humide, sert de cadre à la récolte annoncée.

Comme on s'attarde volontiers devant ces glaneuses chargées de leur maigre récolte ! Leurs silhouettes se détachent avec une ineffaçable pureté de lignes sur le fond d'un ciel orangé. Au fond, des groupes se perdent dans les vapeurs froides qui montent du sol. Le soleil, très rouge, disparait à l'horizon derrière un rideau de grosses nuées qu'il éclaire, et toute la lumière chante : « A demain ! » Il faut, malgré qu'on en ait, subir le charme impérieux et d'intime poésie qui caractérise le talent de M. Jules BRETON, dans les *Dernières glanes*.

Aux *Bords de la Sèvre Nantaise*, à Clisson, un bel arbre, à grandes branches, s'étend au-dessus d'un frêle compagnon qu'il protège. Tous les deux ont l'air de rêver devant les profondeurs du ciel qu'ils dominent. M. HARPIGNIES nous dit cela par une belle peinture de son crû.

L'artiste nous montre aussi le *Vieux Chêne* au tronc bossué, aux racines sortant de terre, au large dôme de feuillage, vieillard puissant et vénérable. Une jolie rivière coule à ses pieds. Comme ce chêne, M. Harpignies est un vétéran aguerri qui sait voir la nature et la rendre dans toute son autorité.

Regardons sur cette *Lisière de bois dans les Landes*, une paysanne en cotte rouge gardant ses belles vaches. Le ciel est en joie, un vent frais joue entre les feuilles, dans les herbes. La nature de M. Busson est parlante. Il s'en échappe, pour monter dans l'air, un souffle bienfaisant qui nous fait tenir à la vie pour le plaisir de respirer à longs traits et de voir la lumière.

De lui aussi *Pluies de Saint-Jean*. L'orage, après avoir tonné, s'est tu. Le feuillage brille. Les eaux, redevenues limpides, reflètent le ciel, un ciel encore menaçant, lourd, qui semble vouloir tomber sur elles. C'est original et saisissant. M. Busson sait pénétrer le paysage et le vivifier.

M. François Michel, un grand invisible, vous enlève un paysage avec un bonheur de touche bien personnel. Superbe, sa *Forêt en automne !*

Une ferme de Bretagne, par M. Bernier, nous offre asile pour un moment. Sous les grands arbres, les vaches vont au pâturage, les poules picorent de ci et de là. La paille battue, amoncelée en tas d'or, éclaire le fond. Les ondulations du gazon viennent s'étendre jusqu'à nous. A droite, une chaumière moussue, à gauche, une charrette primitive se perdent dans l'ensemble. Partout une bonne odeur d'herbe fraîche.

M. Petitjean se préoccupe, dans les paysages qu'il nous présente, de la nécessité d'unir l'exactitude de la ligne à la richesse des couleurs. Par cette raison, son talent est aussi varié que la nature est diverse dans ses aspects, mais reste dans la vérité. *Le Pont de Rochereuille, à Poitiers,* nous montre un coin de cette ville pittoresque où l'on reste toujours plus longtemps qu'on ne le voudrait, tant elle est retenante par ses sites imprévus. L'artiste, dans la simplicité de sa composition, a su rendre ce charme spécial. C'est bien Poitiers. Des silhouettes heureuses s'y déroulent dans leur rusticité. On entend les laveuses battre leur linge, on voit couler l'eau dont la limpidité est inimitable. La clarté profonde et chaude du ciel offre un spectacle splendide.

Au bord de la rivière, dans la vallée de l'Yonne, M. Zuber a peint de grands osiers, à droite de l'eau bleue aperçue, et des montagnes crayeuses formant un harmonieux paysage dans le doux solide.

Les Feux du soir ramènent les troupeaux au village. Une bergère les guide dans la demi-obscurité, près d'un chemin creux, et la première étoile vient se regarder dans l'eau. Toujours beaucoup de talent à l'avoir de M. Demont.

M. Guillemet a peint *le Quai Henri IV*, un de
ces ravissants coins de Paris qui se font de plus
en plus rares. C'est affaire aux artistes de nous
en conserver au moins le souvenir. Et nous leur
savons gré de les fixer sur la toile avant qu'on ne
les couvre de pierres sous prétexte d'embellisse-
ments. Le fleuve court, clair, rapide, oubliant des
plaques d'eau gazonneuses qui miroitent gentiment
sous un ciel lumineux. Des ballots, des marchan-
dises sont parsemés sur les bords pour prouver
que notre modeste fleuve, lui aussi, fait son commerce comme les grands. En haut du quai, dans
le jardin de l'éclusier, des pruniers se couvrent
de fleurs, et deux peupliers, encore secs, frisson-
nent au premier chatouillement du renouveau.
C'est ragaillardissant, alerte, coquet, bien parisien. Très majestueusement se profilent, dans le
fond, le Panthéon, Notre-Dame, la Sainte-Cha-
pelle. Deux fois merci à M. Guillemet, pour sa
bonne pensée, et son excellent tableau.

Matinée rose, de M. Gagliardini, morceau de
soleil trempé de rosée, est accompagné d'une
toile importante. L'artiste a dû affronter de terribles températures pour peindre *Midi sonnant*,
sous un ciel d'un azur implacable. Une église
Louis XIII, d'architecture croustillante, s'en-
flamme au clair soleil de la Provence. Des bicoques,
crépites de rose, flamboient. Autour d'elles, dans

13.

l'air embrasé, des loques multicolores pendent
aux balcons. Un canal est creusé en contrebas où
s'arrête une barque. Sur une route, que la réver-
bération de la lumière rend aveuglante de blancheur, des gens du peuple passent, vêtus de costumes aux couleurs voyantes. Des pigeons s'ébattent
dans la poussière. Le calme, les joies paisibles du
Midi, où l'on a, fort heureusement, gardé le temps
de se sentir vivre, rayonnent dans ce coin de
nature.

A remarquer la *Vue prise à Castel-Fusano,
près d'Ostie.* Nous sommes à l'entrée d'une forêt
de pins, qui commence au bas de l'eau et s'étend
. au loin, couvrant une partie des Marais Pontins.
Très belle composition de M. de Curzon.

Le même peintre attire aussi par une vue prise
Près d'une porte de Narni. Au premier plan, un
lavoir où des femmes sont affairées. A gauche,
l'ancienne porte d'un château seigneurial; à droite,
trois cyprès dominant une colline sous un ciel
ardemment coloré. Il y a beaucoup de distinction
et quelque mélancolie dans cet aimable paysage.

Du cap d'Antibes, nous apercevons la vieille
forteresse due au génie de Vauban. Tout au loin,
à droite, s'élèvent de majestueux oliviers bizarre-

ment contorsionnés dans leur calme et léger feuillage. Au loin Nice se devine, ligne brillante à peine
perceptible sur la baie des Anges. Au premier
plan, la pierre blanche d'un réservoir, le rouge
d'un géranium, ajoutent des taches claires à ce
riant paysage de M. DAMERON, *Antibes et Nice,*
d'une tonalité riche et dorée.

Mais cet artiste n'est pas seulement le fer-
vent admirateur du Midi. Il nous donne la nostal-
gie de la Suisse avec son *Embarcadère de Vil-
leneuve,* à l'extrémité du lac de Genève, dont les
eaux bleues diffèrent des eaux de la Méditerra
née par les courants d'un vert éblouissant qui les
coupent en leur apportant les sources descendues
des montagnes. Cet étrange vert des lacs suisses,
introuvable ailleurs, est on ne peut mieux rendu
par M. Dameron. Les flots se dandinent sous
l'heureux bateau en partance dans ce pays de
plaisir. Une lumière vive éclaire les arbres à
droite. De belles montagnes, qui se dessinent en
perspective, laissent tomber leur couronne de
nuages sur le château de Chillon blotti dans
l'herbe.

Les Glaneuses, de M. G. LAUGÉE, un des meilleurs
élèves de M. Dupré, déjeunent frugalement de
pain, de soleil et d'eau claire, par une belle ma-

tinée. On doit être bien dans ce coin de Picardie. L'appétit.y est robuste et le paysage attrayant.

Plus loin, du même artiste, une *Faneuse* brouette courageusement un foin odorant et de belle facture.

Le bateau repose sur l'eau miroitante : le marinier songe. Le soleil *rouge* descend à l'horizon, tandis que le crépuscule mystérieux du soir semble pénétrer toutes choses. C'est le *Lever de lune*, bien observé et très bien peint par M. Appian, dont l'esprit déjà cherchait l'au-delà qui l'appelait[1].

Quel parfum répandent vos *Arbres en fleurs*, monsieur Jan-Monchablon! Et votre *Champ de blé!* est-il assez réussi avec sa facture si vigoureuse et sa belle tonalité?

M. Bouchor s'est avisé de peindre, avec son sentiment du naturel, une scène rustique, *la Passeuse :* des arbres dénudés où l'hiver a mis sa griffe, un bateau plat qu'une fillette retient à l'aide d'un croc, un pêcheur chargé de ses ver-

---

1. Adolphe Appian est mort en 1899.

veux, et deux villageoises, paniers au bras, prêts
à s'embarquer.

Encore un artiste qui fait à Paris l'honneur
d'une peinture ! Excellente toile de M. Schmitt :
*la Chapelle de Cluny et les ruines des Thermes
de Julien*, avec le « Boul'Mich » entrevu dans les
arbres dont les dernières feuilles tombent sur les
pelouses humides. Toute la lumière, une étonnante lumière, vient d'en haut.

M. Renard-Brault a peint un effet de neige.
Derrière un corbillard, un être est tombé près
d'un rayon de soleil, *A bout de forces*, après
combien de souffrances? La tête s'emplit de ro-
mans supposés.

Des senteurs agrestes caressent délicatement
nos nerfs olfactifs et une fraîcheur délicieuse nous
fait un instant oublier les ardeurs estivales. Nous
sommes devant les *Bruyères roses en fleurs*, par
M. Didier-Pouget, qui nous invite aussi à saluer
d'un éloge bien mérité l'effet de lumière qu'il intitule : *Derniers rayons*.

Les Broussailles, beau fouillis de feuillage, de

M. Fath, évolue dans les fraîcheurs dont émanent des parfums très fins.

Le Soir à Montleron, de M. Prévot-Valéri, est très agréable de couleur et de dessin, de perspective profonde et bien comprise.

Un autre *Soir*, d'une tonalité grisâtre, comme l'exigent les bords sablonneux des rivières dans l'ombre, nous reporte bien à la scène qu'a voulu rendre M. Presseq. Nous apprécions cet artiste qui affectionne les tons adoucis des soirées ou des nuits.

ANIMALIERS

L'Abreuvoir, par M. VAYSON, où les moutons
s'en viennent au crépuscule sous la garde d'une
gentille bergère pendant que les paysans se
silhouettent au fond, rentrant au logis, est une
toile bien composée, d'une exécution onctueuse et
sobre.

Son auteur se surpasse cette année. Nous atti-
rons tout particulièrement l'attention sur sa belle
Chanson du printemps, les ruines d'Oppèdes en
Provence. Si notre mémoire est bonne, la sei-
gneurie d'Oppèdes fut une des plus ensanglantées
au temps des guerres de religion. Aujourd'hui
qu'y a vu M. Vayson? Une croix s'effritant dans
un coin de cimetière, quelques fragments de
pierres tombales, évoquant l'idée de la mort, sub-
mergées par une végétation folle, exubérante, pro-
diguant la verdure et les fleurs. Des moutons
paissent. Une bergeronnette jette aux échos endormis par des siècles de silence la chanson éter-

nelle : « Je suis le rayon de soleil du printemps,
résurrection qui change en poudre féconde et étin-
celante la cendre des morts. » Philosophie des
choses ! Mais quel poète il y a dans M. Vayson !

Un paysage d'Alsace, nature plantureuse,
troupeau de bêtes superbes, des feux fumants au
second plan dans la vive lumière de l'éclaircie :
voilà *le Dormoir du pâturage à Winckel*, de
M. ZUBER, un excellent tableau.

La scène très importante, présentée par M. BA-
RILLOT, se passe dans le Marais Poitevin, vaste
étendue de terrain gagnée sur la mer depuis le
XI° siècle, où les paysans sont forcés de transpor-
ter leurs bestiaux en bac, pour aller d'herbage en
herbage.

Les vaches plantureuses qu'on embarque sont admirablement saisies. Une d'elles, blanche et noire,
ne cède qu'à la force pour enjamber le bac. Une
autre, à l'attache, toute tournée, montre sa belle
croupe normande. Enfin la troisième, petite gé-
nisse, insouciante jeunesse, le mufle dans l'eau, se
rafraîchit les idées. De la droite, vient un paysan
amenant d'autres voyageuses.

Les vaches, modelées à miracle, l'air pur, la
nature s'éveillant, tout se meut : l'effet est splen-

dide. Le soleil éclate en fusées roses, déchirant
les brumes du matin.

Et, charme particulier, ce lever de soleil, dans
une fraîche aurore partante, nous impose l'espérance et nous rend tous heureux. *L'Embarque-
ment de bestiaux* est un superbe morceau de peinture.

·

Dans la prairie fraîche et fleurie (musique d'Hé-
rold), une paysanne, en cotillon noir, vient nous
parler de M. Dupré. Un rayon de soleil, dardant
ferme à droite, illumine un champ d'un vert
éblouissant. Mais des nuages s'amoncellent au
ciel. La vachère s'inquiète, se hâte le plus possible de finir avant que l'orage n'éclate. Très bien,
cette *Traite !*

La Rentrée au village, par le même artiste, est
peinte à souhait pour le plaisir des yeux. Une
rangée de maisonnettes et un rideau d'arbres encadrent un chemin qu'arrose, à gauche, un ruisseau clair. Un beau troupeau, élégant spécimen de
la race bovine, revient des champs, remorqué par
une fillette au corsage ouvert. Un veau, qui a trop
de goût pour la promenade, s'attarde en arrière,
et une villageoise le pousse pour le faire avancer.
A travers les arbres, filtrent des rayons de soleil

qui s'étendent çà et là en belles taches de lumière. L'ensemble est gai, bien éclairé.

M. de PENNE s'est consacré aux élégants passe-temps de la vénerie. Il expose *la Meute au rendez-vous*, à la Croix-du-Grand-Maître, dans la forêt de Fontainebleau. Les premiers plans sont occupés par plus de quarante chiens, pris sur le vif de leurs attitudes diverses. Des chasseurs, tout de rouge habillés, papillotent gaîment sur un paysage engageant. Au fond, d'un léger brouillard blanc annonçant un temps superbe pour la journée, arrive une voiture pleine d'invités. Tableau harmonieux, traité savamment.

Les Taureaux espagnols, de M. de VUILLEFROY, sont accompagnés par deux *Vaches normandes* grassement peintes qui paissent tranquillement au centre d'un panneau.

Henri III, le premier roi de France qui ait porté le titre de Majesté, est représenté jouant avec des chiens enrubannés qu'on a peut-être volés, pour lui plaire, à leurs maîtres légitimes. *Henri III et ses chiens* est une excellente toile de M. HERMANN-LÉON, un de nos premiers animaliers.

Nous rencontrons, de M. Ch. Frère, un bel âne
débâté tirant sur sa corde pour brouter l'herbe
fraîche. *Au Supplice!* dernière et spirituelle composition d'un peintre disparu[1].

L'Oublié, pauvre chien de garde, reste attaché
à sa niche pendant que brûle la maison dont les
habitants ont pris la fuite. Nul ne s'est souvenu
de lui. L'incendie gagne, et la pitié nous prend.
Une œuvre de talent, signée Euphémie Muraton.

M. P.-H. Simons, pour nous montrer la richesse de sa palette, ouvre un bœuf en deux.
C'est aveuglant, en effet. Près du balai, rouge de
sang, un bouledogue se jette sur le cœur tout
chaud. Il ne faut pas être impressionnable pour
analyser ce *Demi-bœuf* et en apprécier en détail
la supériorité. On détourne les yeux malgré soi.
Ah! M. Simons ne folichonne pas!

Les jeunes chats dans une caisse, *Côté à ouvrir*,
arrêtent les passant ssur le nom de M. Olarria,
qui joue du chat comme un Lambert.

---

1. Charles Frère est mort en 1894.

MARINES

Qui n'a gardé le souvenir de M. Tattegrain et de ses grandes compositions où la mer joue, comme dans une belle trilogie d'Eschyle, le principal personnage? C'est la *Saison du merlan,* et nous y assistons à bord d'un chasse-marée. On a relevé les lignes chargées de poisson, et les mariniers s'empressent au « cueillage ».

Le Port de la Rochelle, par le gros temps, avec ses deux tours, son chenal aux eaux profondes venant nous mouiller les pieds, est menaçant sous son ciel gris, peint par M. Petitjean. A droite, de nombreux bateaux de pêche à l'ancre, surmontés de filets transparents, s'entrechoquent sur les vagues clapoteuses. On sent venir du large de dangereux souffles salins : l'orage est partout. Belle toile dont la couleur juste et la facture solide donnent l'illusion parfaite de la réalité.

Un intérêt poignant s'attache à la composition de M. ADAN, *Femmes de pêcheurs*. Ces malheureuses effarées, dévorant du regard l'espace où gronde la tempête qui va faire des veuves et des orphelins, sont abattues au pied de la croix donnant sur la falaise du Tréport, ou groupées sur le grand escalier qui conduit à la mer. Les marins sont en perdition. Que d'angoisses dans les attitudes, les physionomies! C'est simple et terrible.

M. GUILLEMET est représenté par une jolie marine : *Mer basse à Saint-Waast-la-Hougue*. Deux pêcheuses viennent chercher du «bouquet», pendant que l'eau s'est endormie. Le ciel est bleu, sur lequel courent de petits nuages en flocons. Il fait beau, cela sent la mer.

Hardi les gars ! quatre solides rameurs, ceux-là! Bon geste, rendu avec justesse par M. PALÉZIEUX.

M. RUDAUX fait jeter à la mer, *la Grande tombe*, un homme mort, ligoté dans un sac. « Une, deux, trois, ça y est! » Ça y est aussi, dans le tableau de M. Rudaux.

NATURES MORTES

Un pot de terre, une bouilloire où se reflètent des œufs, un citron coupé, pas autre chose, et ce *Coin de cuisine* est le résumé de toutes les perfections de rendu comme couleur et comme dessin. Quelle puissance! « VOLLON est le plus fort nature-mortiste », dit-on. Rien n'est auss ivrai. Ce grand peintre est possédé du beau et du réel.

Sur un fond de velours rouge, en opposition avec la douce tonalité du sujet principal, M. B. DES-GOFFE a peint un grand *Vase de porcelaine de Chine* vert pâle, serti de bronze Louis XVI, s'élevant sur un meuble où sa base se reflète.

Cristal de roche, tapis, verre de Venise, que frappe une vive lumière, avec des effets de clair-obscur très délicatement nuancés, hardiment éclairés, portent la même signature. Un vrai joyau !

Jamais M. E. Claude n'avait donné note aussi
sonore que celle de cette année. Son *Pot-au-feu* est
d'un maître. Le savoir s'y affirme en toute évi-
dence. On n'est pas plus habile, ni plus certain
dans ses effets.

Ce pot-au-feu nous donne une exquise tentation
de gourmet. Si le peintre pouvait réconcilier les
ménagères peu soigneuses avec les mystères de
cette préparation culinaire, il rendrait un sérieux
service aux estomacs négligés par le féminisme.

Des *Fruits* superbes nous rappellent Fouace [1].
Hélas ! le nom de ce vaillant artiste figure pour
la dernière fois au livret. Les siens pleurent sa
fin prématurée, et que de regrets il laisse au
cœur des innombrables admirateurs de son œuvre !
C'est mourir deux fois que de mourir ainsi frappé
dans la pleine maturité du talent.

De M. Dantan, des *Chrysanthèmes* roses et
blancs sur une table ronde, dans un vase, sont
vigoureux et doux tout à la fois. Une branche est
tombée sur le marbre. On la prendrait, tant elle
est naturelle. La lumière vient d'une fenêtre ca-
resser le bouquet, groupé avec un art infini.

1. Guillaume-Romain Fouace est mort en 1894.

Entre les fleurs d'hiver de M. Bourgogne, avec leurs pots de cuivre sur une large pierre, leur éclairage bien franc, et ses fleurs d'été, pêches, fraises, raisins, dahlias et roses, s'élève triomphant dans toute sa magnificence le tableau de M. Detaille. Ne dirait-on pas que M. P. Bourgogne apporte à M. Detaille le tribut de son talent ? Il met à ses pieds *Fleurs et fruits d'été* et *Fleurs d'automne*. L'hommage est digne du maître, car ces natures mortes sont très belles.

Les *Pêches*, coupées par M. Monginot, donnent vraiment envie de les manger. Voilà qui est alléchant !

Au-dessus, le bouquet de M. Rouby sent bon la *Giroflée*. On garde longtemps ce parfum dont on s'en va tout imprégné.

Les fleurs de M. Grivolas, fraîches, parfumées, forcent à s'arrêter *Au coin du quai*. Il faut pourtant cesser de les contempler.

Mme Léonie Bonvalet-Barillot nous a fait un ravissant bouquet d'*Œillets* d'un ton exact.

Un joli petit ATTENDU, auquel nous nous atten-
dions bien. Casque Louis XIV avec espingole,
cuivre, mandoline, pot de Delft sur plat d'étain,
jolis *Bibelots* dextrement enlevés, font une belle
peinture, petite comme une miniature.

Après la curée, M. MAGNE, en grandissime
progrès, vient d'accrocher au mur, sur une branche de laurier, une tête de cerf qui lui fera le
plus grand bien dans son avancement d'artiste.

Mme DURY-VASSELON, toujours ascendante, étale
à nos yeux un grand luxe de *Fleurs et Fruits*,
étudiés d'après nature avec toutes les franchises
du plein air.

Mme FOYOT d'ALVAR expose de très beaux *Chrysanthèmes* hardiment traités.

Comme on comprend Ève, en regardant les
Fruits oubliés, de M. MAISIAT ! Faire d'aussi
belles pommes doit être un péché. C'est exagérer
la tentation.

———————

RELIGION

Une série de toiles mystiques se déroule devant nous. C'était inévitable. Le niveau de l'art montant revient aux sujets qui, de tout temps, concoururent à sa gloire.

Le Sommeil de l'Enfant-Jésus, un tableau qui serait jeune, existât-il depuis des siècles, et ne sera jamais vieux, sombre sans être obscur ni noir, vague sans être fait à demi, effacé ni taché, est idéal et en même temps précis.

Le talent de M. HÉBERT s'applique par excellence aux souvenirs religieux faits d'amour, d'espérance surhumaine, de ce que le présent s'efforce de repousser dans le passé. On s'époumonne à souffler sur ce flambeau qui vient d'éclairer l'humanité pendant dix-neuf cents ans. On le trouble, mais il n'est pas éteint. Ce qu'il éclaire reste aussi vivant dans cette ombre voulue qu'en pleine lumière. Voilà ce que dit le tableau de M. Hébert,

avec sa Vierge, son enfant divin dont un ange
baise le pied... C'est vraiment surnaturel! Nous
nous signons.

La Prière dans la mosquée Caïd-Bey, belle
petite toile à grands effets, est un GÉRÔME des
plus beaux, des plus purs de style. Les grands
maîtres de notre école ne craignent pas le « fini ».
Ils perlent leurs travaux, et jouent quand même,
à leur guise, du dessin, de la couleur et du soleil.

Mais pourquoi tant de monde amassé? On
regarde. Que regarde-t-on?... *La Femme du lévite
d'Ephraïm*, par M. HENNER, qui fait beaucoup
parler d'elle pour une morte. Son mari, sacrilège -
envers la sublime beauté, va en faire douze morceaux et les envoyer à chacune des douze tribus
d'Israël, afin de les exciter à la vengeance contre
les meurtriers de l'innocente. Les pinceaux du
maître viennent de la faire revivre pour la postérité. La seule idée du dépècement de ce corps,
que l'air et la lumière enveloppent de caresses,
donne le frisson. Le cadavre gît, superbe dans sa
rigidité marmoréenne. La tête repose sur d'épais
cheveux noirs. C'est un profil perdu. Toute jeune,
encore presque enfant, elle a de suaves délicates-
ses de modelés avec des vigueurs terribles de tons,
et ce je ne sais quoi, cette beauté qui succède à

la vie, passe sur l'être humain à l'heure solen-
nelle où la mort n'est pas encore la dispersion.
Elle semble éclairée par une lumière céleste, tant
ses contours prennent des harmonies surnaturel-
les. L'art français compte un chef-d'œuvre de plus.

M. Antoine VOLLON, ce colosse de la peinture,
a trouvé moyen de nous étonner encore. *L'Intérieur d'église à Saint-Prix* distance tout ce qui
peut être fait dans ce genre. L'effet du jour, traversant les vitraux anciens, est inouï dans cette
nef où des personnages sont agenouillés et prient,
où l'architecture est imposante de simplicité. Le
silence est dans l'air.

Tout est fait d'une impulsion spontanée, comme
d'un seul jet. Il est impossible de rendre par des
mots les étonnants éclats de cette palette. Pour
arriver à de pareils résultats, il faut que l'artiste
soit un puits de science et reste en même temps
prime-sautier. Cette faculté frappante et originale,
particulière à M. Vollon, vient de ce qu'il s'est
fait lui-même, sans autre direction que celle de la
nature, le plus grand professeur qui soit. Son
exécution n'appartient qu'à lui et ne relève d'aucune tradition d'école. Ses moyens, inconnus,
donnent des effets surprenants. M. Vollon peint
avec un tempérament de fanatique. Cet anacho-
rète, claquemuré dans son art, étreint la vérité
pour lui arracher ses secrets, comme les ermites

pour surprendre ceux de la vie future. Les résultats sont renversants.

Tous nos compliments à l'heureuse Mme Ch.
Gadala, pour le chef-d'œuvre qu'elle possède.

Les Saintes femmes, de M. de MUNKACSY, au
pied de la croix, lui font pendant. Une d'elles, les
bras ouverts, pousse un grand cri d'étonnement,
de suprême désespoir en voyant mourir Dieu.
Madeleine, ne sachant qu'aimer, pleure, et la
Vierge, mère avant tout, tuée de douleur, porte
sur son visage exsangue la torture de son âme.
C'est saint et humain à la fois. De là le grand
caractère de l'œuvre, d'une éloquence, d'une facture qui, échappant à toutes les influences d'actualité et de lieu, est et restera belle dans son fond
noir voulu.

M. de RICHEMONT incline avec grand succès vers
la peinture sacrée. L'an dernier il peignait des
moines servis par des anges. Cette année il nous
montre la servante *Sainte Notburge* interrompue
dans son bottelage de paille en plein champ, par
l'apparition d'un ange blond qui vient l'aider.
Avant d'avoir mis pied à terre, il retrousse déjà sa
manche aérienne et va travailler. Le soleil couchant colore d'un dernier rayon les meules et le

14.

front de la sainte. Tableau que l'inspiration a touché de son aile !

« Ceux qui serviront fidèlement Dieu, dit l'Écriture, seront à leur tour servis par les anges. », C'est dommage que ces serviteurs ailés (sans jeu de mots) ne se mêlent pas un peu à notre vie. Avec quel avantage ils remplaceraient nos domestiques !

Le Christ, par M. GLAIZE, de son sépulcre vient délivrer les élus que le péché originel retenait dans les limbes. Il nous délivre, nous aussi, pour quelques heures, de la vie matérielle, et nous introduit dans les régions paradisiaques de l'art. Grand travail, superbe tableau, bien en lumière.

Pour sauver son agneau, *David berger* écrase un lion. Il nous dit, désignant le ciel vers lequel il tourne les yeux : « Dieu défend la faiblesse de l'innocence contre la cruauté de la force brutale. » David est majestueux dans son inspiration sublime.

Très belle pensée de Mᵐᵉ Elisabeth GARDNER.

La mer, magistralement rendue, se soulève jusqu'en ses profondeurs. Un navire a sombré sous les flots. Le grand mât émerge encore, auquel sont attachés deux naufragés morts, terrifiants.

Une impression d'indicible terreur se dégage des
deux cadavres que roule la vague. La Vierge,
Stella maris, étoile de la mer, apparaît sur les
nuées, l'Enfant Jésus dans les bras. Mme DEMONT-
BRETON porte dignement son petit ruban.

L'Éternel crucifié, de M. Abel TRUCHET, s'élève
en plein ciel, un soir, au sommet de Montmartre,
au milieu des échafaudages du Sacré-Cœur, sur
cette vaste fournaise humaine désertée par la foi.

> Dominant la clameur de nos querelles vaines,
> Saignant, comme autrefois, tout le sang de ses veines,
> Ceux qui disent : « Je nie » ou qui disent : « Je crois »
> Au fronton de l'Église ont vu le Christ en croix.

Grande conception, dont le caractère symbolique
ne peut échapper à personne.

La foule se dispute une lampe pour regarder
l'Offrande à la Vierge, perlée, ciselée par M. FA-
BRÈS.

Mlle SONREL, dans un tableau important, présente *le Christ pleuré par les Saintes femmes.*
Au fond, des anges mêlent leur douleur à celle
des humains.

Le mystérieux *Sommeil de la Vierge* est une agréable vision de M. CABANE.

Sur une terrasse *Sainte Anne* apprend à lire à un amour de petite Vierge. La mère de Marie, figure au sentiment très hennérien, est grave sous son voile noir. La vierge-enfant, vêtue de bleu, la tête baignée de lumière, ses grands yeux de ciel au clair regard franchement ouverts, l'écoute avec respect. Une pure sainteté enveloppe les deux personnages qui appartiennent bien à ce milieu oriental. De la terrasse, où la vigne court en festons, on aperçoit, au loin, la ville, ses maisons blanches et les montagnes de la Galilée. C'est fait de fraîcheur, de délicatesse. L'œuvre ne peut être signée que de Mlle LE ROUX, fille de M. Hector LE ROUX, à qui l'on doit tant de vestales antiques.

PORTRAIT

Les rois de l'ancien régime se faisaient sacrer
à Reims. Nos présidents de la République n'ont
pas le même avantage. Mais pour remplacer la
Sainte ampoule, huile-divine, ils ont recours à
la peinture à l'huile ordinaire. Ils se consolent
par cette pensée : « C'est toujours de l'huile ! » Et
ils passent successivement sous les pinceaux de
M. BONNAT que l'élévation de son talent, l'énergie de sa facture désignent pour peindre les chefs
de l'État. M. Faure, comme ses prédécesseurs, dut
incliner respectueusement la tête pour se faire sacrer par tous les éblouissements de palette dont
dispose notre grand maître. Debout, traversé par
son grand cordon sous son habit noir, il nous regarde bienveillant par caractère, majestueux par
la force acquise. Fier de lui, — c'est son droit, —
content des autres, il dit : « Seuls, mon travail, mon
intelligence, mon esprit et ma volonté m'ont fait
ce que je suis. N'attaquez donc plus les droits de
la naissance. Ils ont vécu : j'en suis la manifesta-

tion vivante. Travaillez comme je l'ai fait, et soyez bons comme je veux l'être, c'est la seule force vraie. » Voilà ce que M. Bonnat a fait dire au *Président de la République*, sortant tout palpitant de ses pinceaux puissants, comme d'une seconde création.

M. Faure semble faire au public, avec un juste orgueil de patriote, les honneurs de cette brillante exposition. Puisqu'il se sent si bien chez lui, parmi ces travailleurs de l'art, qu'il les aide donc à défendre contre les démolisseurs ce sanctuaire de tant de gloires artistiques où tout un peuple vient le saluer.

Ne sera-t-il pas temps de l'anéantir quand un autre temple sera prêt pour l'art?

D'ici là que feraient les pauvres inspirés? où iraient-ils? Au nom de deux générations d'artistes nous lui présentons humblement cette pétition : « Grâce pour le Palais si bien agencé pour toutes les expositions ! » Quand on détruit ce qui est bien, on n'est jamais sûr de faire mieux. Seuls les peuples deviennent grands qui, dans les choses comme dans les lois, savent créer sans détruire, conquérir l'avenir en respectant le passé.

Mais M. Bonnat nous rappelle, et nous tient encore sous le charme avec sa nouvelle manière aux vigueurs volontairement adoucies, par un portrait de *Mme la comtesse L. M...*, si belle dans sa robe maïs, attachée à gauche par une grosse perle...

« Les perles sont des larmes ». dit-on, mais cette beauté n'en a pas sur le cœur, si nous en croyons son sourire si doux, si attrayant. Accoudée sur le canapé où son écharpe est tombée, les mains d'un modelé sculptural, elle est admirable de grâce et de vérité tout à la fois.

Celui qui cesse d'étudier l'inépuisable nature n'est plus un artiste. Voilà pourquoi nous constatons souvent chez nos maîtres des ascensions dont on ne soupçonne pas la possibilité. A la puissance, l'énergique M. Bonnat vient d'ajouter l'idéal.

Passez, MM. les Anglais !... M. DETAILLE présente *leurs Altesses royales le prince de Galles, le duc de Connaught,* et leur suite au champ de manœuvres, dans un paysage d'Albion. L'image de l'héritier du trône, majestueusement militaire, s'encadre dans la nature grandiose de ce splendide tableau d'histoire. Le prince étend sa main gantée, désignant quelque point important. Son frère, pour mieux voir, retient son cheval et l'arrête. Plusieurs des grands d'Angleterre se perdent sous l'ombre des sapins qui abritent leurs Altesses royales. Des troupes s'aperçoivent aux seconds plans qu'elles diaprent de leurs vives couleurs. La crudité, à redouter dans les uniformes de ces soldats, est évitée. Les rappels de rouge, délicatement distribués, empêchent les masses d'accrocher le regard. La toile est profonde. Tous les détails, jusqu'aux fleurettes du chemin, ajoutent à la perfection de l'ensemble. En élargissant son cadre, le talent de M. Detaille gagne une ampleur et une majesté inaccoutumées. La personne de l'héritier du trône d'Angleterre est noblement comprise, sans affectation ni raideur. Sa Majesté royale y est noblement représentée, la scène militaire, si dignement rendue qu'on est tenté d'appeler M. Detaille le peintre des princes et le prince des peintres, comme on nommait Malherbe le poète des princes et le prince des poètes. Quel respect de la nature dans cette œuvre ! Comme tout y est vrai, les hommes, les chevaux, les arbres ! Regardez donc cela, pauvres tourmentés, qui allez vous égarant pour faire entrer la nature dans des couleurs inconnues. Contentez-vous donc d'imiter le Père Éternel. Ce n'est pas déjà si facile. M. Detaille, lui, est l'humble esclave de la nature. Quand il l'a peinte telle qu'elle est, il lui insuffle un peu de son âme et l'œuvre vit.

L'Angleterre nous devra beaucoup pour le chef-d'œuvre que la France lui donne. Pendant que nous avons encore une patrie, hâtons-nous de nous glorifier d'avoir un peintre français comme M. Detaille.

M. Bouguereau, noble, bienveillant, s'est mis, en chair et en os, dans un cadre pour nous souhaiter la bienvenue. Il s'est fait immortel par son

pinceau comme par son talent. Palette en main,
heureux et fier de ses succès, il regarde ses admirateurs et se réchauffe à leur enthousiasme avant
d'aller à l'exposition d'Anvers dire à MM. les Bel-
ges comment on fait les beaux portraits en
France.

Mme *F. D...*, majestueuse, dont les longs voiles
de deuil font ressortir les carnations mates et
lumineuses en un relief quasi miraculeux, est
d'une exquise vérité, d'une beauté sympathique,
quelque chose comme une rose d'automne.
M. HENNER sait donner à ses portraits le charme
que son talent prête aux nymphes des bois et aux
évocations religieuses.

Nous avons, de M. Paul DUBOIS, un portrait militaire tout à fait vivant : *M. le baron de C. L. T...*,
d'une tonalité et d'une énergie de facture qui
n'excluent point la finesse de touche. C'est excessivement bien peint : il ne peut en être autrement.

Nous retrouvons M. Paul Dubois, avec les qualités de premier ordre caractéristiques de son
vigoureux talent, dans le portrait de *M*^{me} *L. A...*,
une dame en noir peinte dans la dernière des
perfections.

Mme *la baronne M. G...*, assise sur un canapé
Louis XVI, se détache en vigueur sur un fond de
même style, tapissé d'une soie légèrement foncée
dont la vérité est outrecuidante. La dame, de
haute distinction, est simple en son maintien dans
sa robe sombre rehaussée d'une fine draperie
blanche. Son écharpe de satin gris effleure ses
épaules aux fines lignes. Elle appuie sa belle tête
sur sa main de patricienne, et vous prend dans son
regard d'une douceur indicible. Si Dieu l'a faite
aussi jolie que l'a peinte M. LEFEBVRE, elle n'a
pas à se plaindre du Créateur.

On doit à M. BENJAMIN-CONSTANT le superbe portrait de Mme *A. Oppermann*, retirée dans l'intimité
de son chez elle, un coin de luxe princier. Le teint
est animé par un ardent rayon, tombé de quelque
vitrail invisible, qui ricoche sur le velours de sa
robe et se retrouve, épars, dans le fond richissime. Voyez cette fourrure, ce groupement d'étoffes,
et jusqu'à ce coin de broderie orientale opportu-
niste, surgissant à droite, tout à coup, comme
repoussoir! Les yeux pénétrants, le mystérieux
sourire de la dame se gravent avec persistance
dans le souvenir, quand ils ont une fois rencontré
votre vue. Que tout cela est fort!

Cette oile n'a d'égale que le portrait de
Mlle *M. S...*, sous son rideau vieil or et sa dra-

perie de satin crème, avec sa chevelure nimbée de fils d'or, son teint de fleur et son sourire d'enfant.

Dans les portraits, M. Aimé MOROT atteint une perfection telle qu'on peut se demander s'il n'est pas parvenu au « nec plus ultra » de l'art. Il ne se contente pas de reproduire sur la toile une forme périssable, il y fixe un caractère. Quand on a bien regardé *M. B*..., dans son vêtement orné de loutre, qu'on a vu sa main fine, sa moustache soyeuse, son regard lucide et compliqué, l'on n'a plus rien à apprendre du célèbre financier. De quelle monnaie peut-on payer un portrait qui vous empêche de mourir?...

M. B..., du même artiste, assis sans façon, les mains sur les genoux, — mains en raccourci, superbes, — paraît un aimable homme au cœur d'or.
Ces deux personnages, dans leur cadre comme à deux fenêtres, sont en vie. Un talent qui arrive à de pareilles hauteurs nous ahurit. Les difficultés ne sont pas éludées, mais cherchées par cet artiste, dont le jeune visage vous étonnerait.

M. J. BRETON nous offre son image peinte par lui-même, d'une ressemblance stupéfiante, penseur intelligent, sympathique, ainsi que l'a fait la nature.

Nous regrettons de ne pas voir au Salon le magnifique pendant qu'il a donné à ce portrait. Il fallait le talent de ce grand artiste pour peindre dans tout son charme la douce personnalité de *Mme J. Breton*, belle et sympathique figuré aussi spirituelle qu'énergique, muse dans l'atelier et madone au foyer.

M. Pierre Lehoux, au buste vigoureux, à l'œil ardent, aux couleurs vives, au dessin solide, s'enlève avec éclat sur un fond blanchâtre, encore tout chaud de son succès au cercle de l'Union artistique (l'Épatant). Il nous regarde avec fierté et proclame le talent énergique de M. CORMON.

Dans un milieu bleuté, la délicate *Mlle B. L...*, ravissante et sympathique jeune fille prise dans un sourire entre deux phrases, est assise, retenant sur ses genoux, de sa main souple, un gentil toutou. Son visage plein de douceur et ses grands yeux expressifs nous montrent que l'énergie n'est pas le seul don de M. Cormon, qu'il possède aussi la finesse, la grâce et les transparences nécessaires pour saisir toutes les beautés féminines. Où M. Cormon a-t-il trouvé ce gentil modèle qui donne à son grand talent une teinte d'originalité qui lui va si bien ? On l'aime sans la connaître pour le joli portrait qu'elle a inspiré.

M. Humbert n'envoie que deux portraits, dont
une dame en noir, visage souriant au regard vif
et doux, majestueuse, jolie et aimable. Comme
pendant, une autre beauté, emmitouflée dans sa
sortie de bal grise, nous montre sa belle tête
blonde : Mme X.

M. Saintpierre nous représente une belle personne : Mme V..., à qui le costume de Juive d'Al-
ger sied à ravir. A travers le voile arachnéen de
la « kemidja » les chairs d'une blancheur exquise
sont encadrées par la chaude tonalité de la « dja-
badouli » rubis brodée d'or, et de l' « abaya » de
satin bleu, qu'une ceinture rouge serre à la taille.
La figure a de la grâce et de la majesté. Quelle
expression dans ces yeux noirs dont le long regard semble vous suivre, chargé de pensées ! Une
grande solidité de lignes, unie à un charme exquis, distingue cette toile franche.

Mme*** est frileusement blottie, parmi des coussins, sur un canapé. Son visage, son épaisse chevelure noire, sa robe aux reflets chatoyants, ses
fines chaussures constituent le plus attrayant des
ensembles. Signé L. Doucet[1] qui a voulu, avant

1. L. Doucet est mort en 1895.

de mourir, léguer à la postérité cette gracieuse
image.

La nature a prodigué à M. COMERRE les dons
les plus rares. Il a l'inspiration abondante et
facile, le sentiment de la ligne, l'art de la composition, des qualités de coloriste que peu d'artistes, même parmi les grands maîtres, posssèdent
au même degré. Voyez ce portrait de Mlle G... Il
vit, palpite sous ses riches atours soyeux et ses
dentelles. On ne sait que louer le plus, du visage,
du chatoiement des étoffes, ou des tons lumineux de
ces chairs admirables. Les mains, de vraies
mains de patricienne, ont une exquise finesse de
modelé. Chaque nouveau portrait signé Comerre
est pour lui un succès de plus.

Quant à Mlle P..., aussi par M. Comerre, c'est
une œuvre très en lumière, sans effets forcés, et
qu'il faut étudier dans tous ses détails.
Sur un fond vigoureux, une belle figure se
dresse, blanche et rose sous ses dentelles et son
brocart. Elle a les épaules ornées de fleurs. Sur
sa poitrine la violette artistique. Derrière elle, un
piano indiquant que la belle n'est pas tout le monde.
C'est en effet une grande artiste aimable, spirituelle et jolie. Elle nous parle, se meut, dépla-
çant ses rubans et ses fleurs. Les épaules, les
bras, les mains sont... du peintre Comerre. C'est-

à-dire que jamais l'on n'a fait, on ne fera jamais
rien de mieux que ces chairs-là.

Quand donc viendra le moment où M. Léon
Comerre, se laissant aller à son inspiration toute
personnelle, nous donnera quelque belle peinture
historique? Jusqu'ici la Fable ou l'Allégorie l'ont
possédé tout entier. Mais on sent en lui un tempérament dont les énergies se résoudraient heureusement en action, en mouvement. Pris par les
commandes, accaparé par les portraits, il ne songe
pas aux observateurs de l'art qui l'attendent au
détour des chemins qu'il suit. Espérons que les
besoins de son imagination troubleront son sommeil, que la grande dame à portrait s'effacera
pour un temps devant la muse d'atelier, et qu'il
nous donnera quelque belle œuvre, de son cru.

Bien dessiné, bien fait par M. Orchardson,
M. *James Thornton* rappelle une aquarelle passée.
C'est voulu. Le jaune du visage, dans le sombre
du fond, produit un effet délirant sur les artistes.
Mais que de critiques pleuvraient si c'était d'un
Français! Devant un étranger, il faut tomber en
pâmoison. N'importe, M. James Thornton a une
maladie de foie. Sans cette « jaunomanie », évidemment M. Orchardson serait parfait. Voilà pourquoi nous avons le courage de lui dire notre pensée.

De M. Ferrier, *le Bibliophile A . F...*, largement dessiné, ferme de ton, avec sa fraîche figure, son béret, son cache-nez à carreaux, est frappant de ressemblance. L'œuvre est bien poussée.

Parfait, le portrait de *M. Ambroise Thomas*, par M. Baschet !

M. Giacomotti, dont la réputation n'est plus à faire, a chargé *l'Abbé X...*, vicaire capitulaire à Besançon, de mettre en lumière son talent de portraitiste, soin dont l'aimable prédicateur s'acquitte d'ailleurs à merveille.

M. Wencker nous avait promis monts et merveilles : il ne nous donne que deux portraits. Pardonnons-lui en raison de la valeur de ses œuvres et de la beauté des modèles. Deux femmes : l'une souriante, heureuse, dans sa robe gorge de pigeon et son décor douillet, *Mme la comtesse D...* ; l'autre *Mlle E...*, tout en noir, sérieuse, mais bien séduisante aussi, et faite !

Mlle Gibson, belle Américaine blonde, se laisse entrevoir, demi-cachée dans des gazes et des dentelles verdâtres, comme un lotus qui va s'ouvrir.

Les étoffes légères qui la drapent de leurs broderies d'argent, voilant mains et bras sans rien
cacher, à la manière des Tanagras, s'entr'ouvrent
sur la poitrine, et laissent voir un velours vert
constellé de pierreries. Originale composition, exé-
cutée avec la puissance exquise d'un maître qui
est une jeune fille : Mlle Juana ROMANI.

M. AXILETTE nous gratifie d'une gentille femme
en corsage vert : Mlle L... Comme il a du talent, ce
monsieur qui ne se faufile pas dans le gouverne-
ment ! De lui nous n'avons jamais rien vu d'ordinaire : toujours de l'extra-fort.

M. MACHARD a pris sur le vif de sa grâce et de
son charme l'aimable Mme de C..., sous le chapeau
noir qui la coiffe si bien, avec sa robe aux reflets
miroitants. Elle nous sourit au passage, heureuse
d'avoir un beau portrait. Cela se comprend.

Un joli portrait buste d'une jeune dame, en velours caroubier : Mme B..., et, plus loin, la ravissante Mlle M. G..., délicatement peinte, nous rappellent le grand talent de M. SCHOMMER.

M. GLAIZE n'expose qu'un profil de femme,

15.

Mme L. L...., aux cheveux roux foncés, acajou, un médaillon charmant, une déesse antique. Le peintre est en ce moment débordé par ces deux belles frises de l'Hôtel de Ville : *l'Union de l'Idéal et de la Vérité.*

M. UMBRICHT nous montre une blanche image, rehaussée de velours rouge, *la baronne Santa Anna Néry,* fraîche comme une fleur d'églantier sous les ondes de ses cheveux châtain clair, toilette de satin mauve.

Le portrait de *Mme N.*..., dans sa robe de satin mauve, est une vraie réclame pour le couturier et un succès pour l'artiste. Le dame, aussi bien peinte que belle, peut prendre de tout ceci une bonne part pour son compte sans frustrer M. UM-BRICHT.

Il sied de classer dans les portraits l'œuvre de M. BROUILLET : *Vaccin du croup à l'hôpital Trous-seau,* savante étude où tous les docteurs, personnalités très connues, sont d'une ressemblance frappante.

Le portrait équestre de *S. M. la Reine de Por-tugal,* par M. SALGADO, joint à un dessin ferme de réelles qualités de coloriste. La souveraine, le cheval, le chien qui les escorte à travers la campagne, sont de grandeur naturelle.

Du même artiste, *M*ᵐᵉ *Demont-Breton*, ornée du ruban rouge de sa croix d'honneur, est d'une vérité d'expression absolue.

L'ingénieuse idée de faire de deux portraits d'enfants un tableau des plus intéressants est de Mᵐᵉ Consuelo FOULD. Nous sommes au xviiiᵉ siècle. Ample rideau, savamment retroussé par de gros glands, colonne, paysage entrevu au loin, mandoline, cahier de musique, tout l'attirail du temps comme fond. Au premier plan, un élégant garçonnet, vêtu de soie gorge pigeon, enlève lestement le rideau vert qui nous cachait le portrait de sa sœur, mignonne fillette (genre *Cruche cassée*), et tourne vers nous sa jolie tête brune.

Tout y est traité avec beaucoup de talent et digne du musée de Versailles.

Ajoutez à cela le portrait de *M*ᵐᵉ *C. de L...* dans son corsage doré, écharpe rouge, sortie de bal ouverte, épaules incomparables à la Rembrandt, superbe carnation de brune à la peau blanche. *M*ᵐᵉ *C. de L...* a l'air d'une véritable altesse royale dans son écharpe rouge. Elle nous sourit, et nous regarde avec des yeux !... deux astres ! Mᵐᵉ Con-

suelo Fould a fait preuve d'une vigueur de touche
bien rare chez une femme. Il y a beaucoup de
grâce dans le dessin de cette artiste aux riches
couleurs.

Mais, chut! ne dérangeons pas *M. François
Coppée*, que nous apercevons, la plume à la main,
en train de chiffonner la muse. La pensée du
modèle est si présente qu'elle nous appelle, et
nous attendons ce qu'elle va nous dire. L'attitude
est naturelle. Peintre et poète sont d'égale force,
car M. Fournier a su, comme l'écrivain, rendre
la nature dans tout son charme et son exactitude.

M. Chabas a groupé avec une science et une
légèreté de touche auxquelles il n'est que juste
de rendre hommage, les ressemblants portraits
de MM. Breton, de Hérédia, La Fenestre, Coppée,
Claretie, Daudet, Theuriet, Bourget, Sully-Pru-
d'homme, Alphonse Lemerre, brillant cénacle
artistique et littéraire, qui tient ses grandes assises *Chez Alphonse Lemerre*, à Ville d'Avray.

Ici le portrait de *M.* le *marquis de Rochefort-
Luçay*, vulgo Henri Rochefort. Il est presque
« lui », et fait honneur à M. Belleroche.

M. Lobrichon appelle à sa fenêtre la ravissante
Mlle $M.$ $L..$, au charme spirituel, à la sympathique
beauté.

Le portrait de $M.$ $Bartholoni$ dans un bateau,
chassant sur un étang, est d'une ressemblance
extraordinaire. Ingénieuse idée qui ramène forcément à la réalité de la vie. M. Krug a le coup
d'œil juste, le dessin ferme.

M. Alexis Vollon expose un très bon portrait
de $M.$ $Pierre$ $V...$, élégant petit monsieur en noir.

Voici la jolie personne en jaune, Mlle $J.$ $D.$, de
M. de Dramard. Pourquoi en jaune demande-
t-on? D'abord parce que c'est une couleur triomphante, ensuite parce que cette nuance va très
bien au personnage et accommode galamment un
portrait tout à fait agréable à regarder.

*   *
*

Jamais on ne vit dans l'histoire de l'art plus
grand succès de Vernissage que celui de 1895. La
recette s'est élevée, ce jour-là, à près de

29,000 francs, malgré tous les billets de faveur dont on a le tort d'arroser Paris. La disparition du berceau de treillage vert, égaré, sous prétexte d'embellissement, au côté droit de la statuaire, a été saluée d'acclamations. La nouvelle décoration est du meilleur goût. Les plates-formes aux larges escaliers ornés de balustres, les grands vases débordant de fleurs, tout· est grandiose, admirablement approprié aux beaux-arts. Les déviations aux grands principes se font de plus en plus rares, et notre école française précipite sa marche ascendante. Le public s'attache à ses pas et la suit avec enthousiasme. C'était prévu. Le beau s'impose.

SALON DE 1896

SALON DE 1896

L'hiver s'enfuit. Les bourgeons éclatent de rire sur les branches noires et nous lancent en coulisse des regards verts d'espérance. C'est le renouveau. Le printemps en retard accourt avec ses thyrses de marronniers et de lilas. L'éternelle nature secoue sur nous les fleurs de son manteau, chauffant l'air de parfums et allumant son grand soleil.

Le Palais s'ouvre, étalant à nos yeux toutes les richesses produites en un an par le travail des artistes du monde entier. Le Palais, qui vit notre école moderne s'élever au-dessus de toutes par ses efforts persistants vers le beau, va sans doute s'écrouler sous la hache destructrice.

. Comme les gladiateurs antiques disaient à César : « Ceux qui vont mourir te saluent », ce temple de l'art français, avant de disparaître, jette à flots devant nous, pour la dernière fois, toutes ses merveilles, comme un salut digne de ses hauts faits.

Les artistes eux-mêmes, affolés par l'idée d'une dispersion imminente, se sont surpassés et nous comblent de chefs-d'œuvre. '

Courons donc à ce Palais pendant qu'il en est temps encore, pour jouir d'un dernier bonheur, et que tous ces grands artistes qui sont la gloire de notre pays, cette jeunesse courageuse altérée de succès, trouvent du moins dans la sympathie, l'enthousiasme de leurs compatriotes, un refuge moral contre l'orage qui les frappe et jette au vent les pailles de leur nid.

Gravissons ce large escalier que nous ne monterons plus. Le cœur se serre un peu... beaucoup. Mais bah ! nous trouvons l'espérance sur les marches. Tout, ici, veut nous surprendre, nous séduire, nous consoler. Laissons-nous donc faire, en dégustant notre bonheur d'aujourd'hui, sans souci de demain.

D'ailleurs, qui sait ?...

« L'imprévu seul arrive. »

ALLÉGORIES

La *Vérité*, de M. Gérôme, a changé son miroir
pour un martinet. Superbe dans son exaspération,
elle enjambe hardiment la margelle de son puits,
crie haro sur les effrontés qui la maltraitent, et
s'apprête à leur infliger une solide correction. Il
y a de quoi, étant donné ce qui se passe autour
de nous. Furibonde, elle va châtier l'humanité, et
tenter de reprendre ses droits à grand renfort
de beauté, de forme et de couleur. Elle s'encadre
harmonieusement dans un fond de fraîche verdure
aux larges feuilles, aux herbes fines. C'est une
belle revendication de la noblesse, de la sainteté
de l'art contre les artistes oublieux de leur dignité.

M. Gérôme a toujours courageusement défendu
le beau contre le laid. Le rôle du génie n'est-il
pas de sauvegarder l'esprit humain contre les sot-
tises de la médiocrité?

Quand on voit *la Vague,* de M. Bouguereau, et
le prodigieux effet qu'elle produit sur tous ceux
qui possèdent le sens artistique, on se demande à
quoi bon les recherches, les durs travaux qui in-
combent aux peintres d'histoire. Certes, leurs auteurs ont un sacerdoce. Mais toutes ces scènes
compliquées de massacre ou de famine, de fureur
guerrière ou d'emblèmes terrifiants, ne nous
remuent pas autant que cette toile aussi puissante
que simple.

Un bruit de soupirs nous assourdit. Qu'est-ce
donc? C'est une grande vague, chaude du soleil
d'été, transparente, qui accourt du large chargée
d'oxygène et de phosphore, laissant au vent la
poudre d'opale qui s'échappe de sa longue crête.
Elle gonfle son sein, et précipite sur le sable, à
nos pieds, une Vénus éblouissante de beauté, une
femme adorable, si vous aimez mieux, née de
l'écume de la mer, ou tout simplement d'une
autre jolie femme.

Imaginez tout ce que vous pourrez de plus ravissant : vous serez encore au-dessous de la réalité.

« Le flot qui l'apporta recule émerveillé. » Les
yeux souriants, la bouche ouverte, ses cheveux
d'or légers soulevés par le vent, comme pour
un baiser, elle se tourne vers nous, toute heureuse du choc reçu, et rit de bon cœur, joues
roses, œil vif, formes allongées, épiderme de fleur.
Impossible de ne pas être ravi jusqu'à l'extase.
Il faut rendre grâce à Dieu qui fait le ciel si pur,

la mer si transparente, la femme si belle, si enivrante, et des peintres comme M. Bouguereau
pour nous permettre, à toute heure de la vie, de
retrouver dans notre souvenir, comme un trésor,
cette image de la jeunesse même, beauté toujours
renaissante qui fait l'amour éternel.

Le plafond de M. MAIGNAN, destiné à la Chambre de Commerce de Saint-Étienne, ne peut manquer de faire sensation. *La Ville de Saint-Étienne
présente à la France les produits de son industrie*,
riches soieries pour la parer, armes pour la défendre.

« Patriæ devoti ut sit fortior, ut pulchrior,
laboramus, » car elle produit de quoi soutenir la
force et la beauté de notre patrie.

Des génies, flottant dans l'air, forment avec
des rubans une cocarde tricolore qu'ils présentent
à la France pour se parer, pendant qu'une Victoire
lui donne un fusil pour se défendre. Plus bas, la
réalité : la Forge. Le puddleur, ringard à la main,
masque relevé, se dressant près de l'enclume,
semble un dieu du travail. Les ouvriers du fer,
solidement construits, sans dureté, sont des
athlètes dont la vigueur s'harmonise bien dans
l'ensemble. La partie réelle et la partie allégorique
sont traitées d'une main légère et sûre. Des
caissons où s'entremêlent à des lauriers les feuillages du beau jardin de France, où s'entrelacent

le chiffre de la ville et ceux de la Chambre de Commerce, encadrent magnifiquement cette œuvre superbe.

C'est pour l'auteur un nouveau succès qui va le pousser sur l'échelle de la gloire.

La glorification de *la Bourgogne* montre dans tout son épanouissement le talent de M. H. Lévy. Cette vaste toile, d'une composition aussi élégante qu'érudite, est pleine d'enthousiasme, de vérité, d'une exécution parfaite, d'un grand effet décoratif.

La Bourgogne, glorieuse sur son trône d'or, est fière des célébrités qu'elle a vues naître et qui se groupent à ses pieds : Bossuet, sainte Chantal, Carnot, Bouillé, de Brosse, Budé, Prud'hon. A droite, les hommes politiques ; à gauche, le clergé ; au premier plan, les arts ; au loin, un char triomphal chargé des richesses agricoles produites par le terroir : tout figure là, noblement disposé, dans un cadre grandiose, digne de la salle des États de Dijon, où l'œuvre doit prendre place.

M. Gabriel Ferrier, rêvant de toutes les joies enviées des mortels, vient d'achever son *Paradis d'amours*. Oh ! l'enivrante page de jeunesse et qu'il fait bon la regarder, cette œuvre qui va troubler le sommeil de toute la génération mascu-

line ! Qu'il fait bon s'arrêter longtemps au milieu
de femmes adorables, peu vêtues, passant par
tous les tons de la brune aile-de-corbeau à la
blonde ambrée ! Des amours, aux ailes blanches,
bleues ou roses, enivrés de joie, couronnés de
fleurs, se groupent avec un art infini, dans les
attitudes les plus gracieusement entraînantes, autour de quelques hommes superbes représentant
la jeunesse.

Décrire dans tous leurs détails les ravissantes
beautés de ce tableau, les teintes idéales des chairs,
des cheveux, des gazes voltigeantes est impossible.
Les fleurs s'ouvrent pâmées, le feuillage embaume. Ce n'est que séduction, poésie débordante.
Le cœur s'épanouit dans l'atmosphère de bonheur
dont tout l'ensemble est inondé. L'on se sent
renaître et l'on aime la vie.

M. Gabriel Ferrier est un véritable enchanteur
aux couleurs féeriques. Il faut voir ce Paradis en
dernier, comme dans la vie, après tout ce que
l'humanité donne de luttes et d'angoisses, le voir,
comme dans un monde meilleur.

L'agitation, la hantise de notre siècle, ses envies
haineuses ou ses indifférences grasses, n'épargnent
pas la pensée de nos artistes. Elles font invasion
dans leurs ateliers clos, chassant la muse démodée.

Entre les cruels, qui voudraient brûler le monde,
et les ineffablement bons, qui voudraient, pour le

fuir, s'envoler avant l'heure, le cœur sensible de l'artiste se serre. Il prend fiévreusement palette, pinceaux pour exprimer sa souffrance. Ainsi fait M. Pelez, dont les œuvres portent toujours l'empreinte d'une idée complexe très philosophique. C'est l'homme aux rubans verts, de Molière. Pour lui, la nature seule est belle et bonne; l'homme est méchant, cruel, qu'il méprise sans pitié la misère, ou envie le riche et le haïsse.

M. Pelez nous le dit, en nous montrant l'*Humanité* dans toute sa laideur d'âme. Le Christ est mort pour avoir dit : « Aimez-vous! car le bonheur n'est que là, toute haine étant source de toute torture. » Mais les hommes condamnés au malheur sont restés irréconciliables entre eux. Ils se haïssent encore et toujours. L'œuvre est prise sur le vif, magistralement traitée dans un plein-air vrai. Les physionomies sont puissamment étudiées. Nous lisons à livre ouvert dans la pensée des personnages. Toutes ces têtes sont superbes, chacune est une histoire.

L'artiste n'a pris ni les extrêmes bas-fonds, ni le sommet de l'échelle sociale. Pas de ventres dorés, ni de miséreux affamés : des pauvres, des ouvriers, et des bourgeois assis au soleil, ceux-ci parce qu'ils sont enrichis et n'ont rien à faire, ceux-là parce qu'ils se reposent ou ne veulent pas travailler. C'est une moyenne, la majorité, le reste n'étant qu'exception.

La scène se passe au milieu d'un jardin public.

A gauche, sur un banc, les pauvres regardent avec
colère et menaces sourdes ceux qui vivent sans
travail. Les enfants mêmes ont la colère peinte sur
leurs traits. A côté de ce groupe, deux nourrices
allaitent des marmots riches qu'elles n'aiment pas,
et médisent entre elles de leurs maîtres. Sur le premier plan, un bambin de quatre à cinq ans semble
chercher quelque méchanceté à faire. Dans le
milieu, passe la fille perdue, au type bestial, écla-
boussant de son luxe mal acquis et ridicule tout
ce qui l'entoure. Derrière elle, quelque marchande
enrichie, une jeune fille au bras, toutes les deux
orgueilleuses, se pavanant, jettent un regard de
dégoût sur la fille, qui, outragée, leur lance un
gros mot du haut de sa bassesse.

Deux dames assises, personnifiant une classe
un peu plus élevée, contemplent cette scène d'un
air de froid mépris. Tout ce qui n'est pas « elles »
n'est rien. A droite, un homme mal vêtu, debout
au premier plan, médite quelque crime. Celui-là
mourra sur l'échafaud. A l'extrême droite, le
bourgeois enrichi et ventru, affaissé sur une chaise,
dort, insouciant du lendemain que cette étude nous
montre gros d'orages. Au second plan, dans
l'air, le grand Crucifié reste à l'état d'idée, n'ayant
plus qu'une figure, des yeux pour pleurer l'inuti-
lité de son sacrifice. Derrière sa croix, vague, une
tête de harpie haineuse s'en va menaçante.

On comprend que l'artiste soit resté longtemps
éloigné du Salon. Son œuvre l'absorbait. M. Pelez,

16

qu'on dit avoir parfois des éclats de rire chagrins,
doit être content aujourd'hui. Il fait une entrée
triomphale, et, s'il lui manque des voix pour la
médaille d'honneur, son geste restera inoubliable
dans le monde de la pensée.

M. Collin personnifie *l'Anémone des bois* par
une blanche vision de jeune fille, encore enfant,
s'élançant svelte de l'herbe tendre qui se mêle à
ses pieds mignons. Elle a poussé là, comme une
fleur humaine aux lignes d'une exquise pureté.
L'épiderme de son corps, pareil aux pétales sauvages qu'elle presse sur son sein rose, frissonne
au souffle de l'air. Point de noir pour modeler,
c'est triste. Point de gris, c'est bête. Du blanc, du
bleu, du rose, de la lumière... et du talent !

La grande *Frise*, faisant partie des décorations
pour l'Hôtel de Ville de Paris, par M. Henri
Martin, s'adoucit par les feuilles de bouleaux qui
paillettent l'ensemble. Le panneau est plus harmonieux que celui de l'an dernier. Le composi-
teur de musique rêve, couché sur des ronces que
dissimulent leurs belles feuilles d'été. C'est par
malheur le lit ordinaire des artistes. Un chardon
est à ses pieds; mais la pensée de sa muse ailée
le console. Des allégories jouent de la lyre. Un
génie souffle dans deux flûtes.

L'Angoisse humaine, de M. ROCHEGROSSE, est l'expression de l'emportement du siècle mourant vers un inconnu indéfinissable : faim que rien ne rassasie, soif que rien n'étanche. L'homme presque au comble de la civilisation devrait être heureux ; mais plus le corps est repu, plus la paix de l'esprit manque.

Voyez grossir cette pyramide humaine que M. Rochegrosse nous montre dans une toile aussi haute que possible. Voyez le pauvre monde, soulevé par des désirs toujours inassouvis, s'amoncelant en pyramides ascendantes vers un bien-être, un succès, une gloire, convoités au mépris de tout sentiment humain et en dépit même de l'instinct de conservation.

De malheureux fous s'escaladent, se poussent, se renversent, s'écrasent. Hommes, femmes, se font une montagne des blessés, montent, montent toujours plus haut, les mains tendues vers leurs chimères, et ne sont arrêtés que par la mort qui les jette d'autant plus bas qu'ils sont arrivés plus haut, et les disperse en poussière.

Ah ! nous avons cette année des travaux de penseurs, dont pourra s'enorgueillir la critique vraiment française !

On aura beau dire, la peinture décorative, que beaucoup d'artistes affectent de mépriser, a toujours un grand charme. *Le Printemps,* tableau

de M. Perrault, deux amours fille et garçon,
mêlant leurs ailes au-dessus d'une gerbe de roses,
vaut mieux qu'une scène de carnage.

Plage dangereuse ! celle où M. Jean Aubert
place un amour des plus mal intentionnés. Seul,
il regarde non sans quelque mauvaise intention
des jeunes filles qui se baignent au loin. Effet de
brouillard clair, le matin.

Sur une autre toile de ce peintre, au faire aussi
correct qu'attrayant, un amour et une grande enfant pêchent à côté l'un de l'autre, et leurs lignes
se confondent. *L'Amour s'emmêle*, mais les pêcheurs ne se brouillent pas.

La Toilette et *Vénus et les Amours* sont les bien-
venus pour nous dire que M. Fantin-Latour conserve sa clientèle d'admirateurs.

Le plafond de M. Marioton, *Gammes d'amour*,
évoque un bal au xviie siècle. L'orchestre est à
droite et nous apercevons la tête des danseurs.
Au premier plan, l'on flirte : un jeune homme,
costume noir (note vigoureuse), se cache derrière
son tricorne pour dire à sa voisine des choses qui
ne nous regardent pas, mais qui intéressent beau-

coup cette jolie personne en rose. Plus loin, deux
femmes causent en marchant, sans oublier le galant qui les lorgne. Des amours accrochent dans
les arbres des lanternes vénitiennes. La tonalité
générale est douce sans fadeur. C'est vraiment
bien venu.

L'Homme aux poupées, qu'il jette autour de lui
après avoir joué avec, nous apparaît pâle, tour-
menté, malingre. Il serre convulsivement dans ses
mains et mange des yeux celle qui lui fait abandonner les autres : la Gloire, couronnée de lauriers. Philosophie, Religion, Amour, Jalousie,
Poésie, plus ou moins cassées, sont là, gisantes
dans des attitudes « guignolesques ». La Femme
même, cette grande poupée de l'homme, est oubliée. Toile philosophique de M. J. VEBER.

Les Aigles — 1812, de M. ROUFFET, d'ailleurs
on ne peut mieux exécutées, s'envolent, se sauvent
dans l'immortalité, avec l'idée qu'elles représentent.

M. BISSON s'est créé un genre à lui que goûte
le monde entier. Il s'est dit que la peinture,
comme tous les arts, doit être joie, consolation
pour le pauvre genre humain. Il a voulu, avant

16.

tout, charmer, et il charme irrésistiblement. Voyez cette femme *Surprise,* à laquelle des amours arrachent ses voiles. N'est-ce pas une ravissante fantaisie? La gaze est fine, les chairs attirantes, le visage séduisant.

Candeur et jeunesse, personnification de la rose blanche et de la rose rouge, prouvent combien seront toujours attrayantes la grâce, la poésie, la femme en un mot, dont ce jeune peintre a fait sa spécialité. Il la montre à travers ses allégories, toujours finement pari ienne, avec des souplesses et des séductions de fleurs.

L'Automne, hymne à Cérès, d'une originalité voulue, influence des maîtres italiens, attire l'œil. Il faut s'arrêter. On porte après son jugement qui est très favorable à M. Albert LAURENS.

Le terrible nous prend. Imaginez une sorte de crocodile colossal, avec une longue tête de vieille édentée, de rares cheveux pendants, des yeux verts écarquillés, une queue à n'en plus finir, sortant d'un marais croupi. Le monstre fond sur un explorateur dont il écrase la poitrine de ses longues mains en griffes. Cette mégère allégorique est la *Fièvre paludéenne,* bien rendue par M. Paul LEGRAND,

Le *Chemin de la mort* n'est pas hilarant, mais du moins très bien peint par M. Trigoulet.

Une des personnalités les plus intéressantes de la gent peintresse est Mlle Mercier, munie des diplômes qui autorisent l'enseignement du dessin dans les lycées, professeur renommé, peintre de talent. Elle représente bien la femme dans l'art, celle qui a travaillé, s'est instruite pour avoir droit d'instruire les autres, et a prouvé son savoir par des œuvres. Mais Mlle Mercier est aussi l'artiste qui, en France, doit, par malheur, passer après tous les autres, parce qu'elle est non seulement une femme, mais encore une personne modeste, timide, que ne couvre pas une puissante égide masculine. On l'oublie, on la néglige. Nous nous faisons un devoir de la signaler. *La Poésie des bois* lui est apparue cette année, couronnée de lierre, et elle nous la montre dans une éclaircie de verdure présentant, avec une grâce toute mythologique, un rameau de laurier d'or aux rêveurs qui vont l'invoquer.

HISTOIRE

———

Promenade de la Cour dans les jardins de Versailles. M. Gérôme est une des gloires de notre temps. Son rayonnement s'est répandu sur les deux mondes. Homme de grand esprit aussi bien que grand statuaire et grand peintre, il a été l'étonnement des pays qui nous l'envient. En France, on vit trop vite pour se soucier de ces choses.

Aujourd'hui, M. Gérôme, retournant de deux cents ans en arrière, nous transporte à la cour de Louis XIV, et nous donne un spécimen de sa science. Sur un tableau de modeste dimension, il fait passer devant nous toute la cour de Louis XIV dans une promenade en chaise, autour des bassins de Versailles. Le château, parfaitement reconstitué, s'allume aux derniers rayons du soleil, pendant que la lune monte doucement, éteignant les lueurs roses dont le coucher du soleil en-

flamme les façades et l'eau du bassin. Traînées
par des valets, les chaises rouges aux riches orne-
ments dorés, surmontées de coquets baldaquins
bleus, abritent les coquettes du temps, escortées
de leurs favoris. Mme de Maintenon, dans un fauteuil roulant, passe la première. Le roi, son mari,
marche à sa gauche, s'aidant de sa canne. Il est
déjà courbé par l'âge. Tout est si vrai, costumes,
visages, expression, qu'on croit revivre en ce commencement du xviiie siècle, finissant le succès et la
gloire du Roi-Soleil.

L'homme, a-t-on dit, est le plus cruel des animaux. Ceux-ci ne déchirent et ne dévorent ce
qui vit que pour vivre eux-mêmes et se reproduire, tandis que la cruauté de l'homme est cau-
sée par son orgueil, sa soif de domination. Ces
idées s'éveillent devant le tableau de M. J.-P. Laurens, *les Otages*, triste histoire des faibles sur
terre.

Nous sommes dans une vaste prison, froide,
nue ; les ferrures de la porte sont lourdes, écra-
santes. Dans un coin baille un cloaque où con-
verge le sol descendant. Deux enfants, vêtus des
riches costumes du xiie siècle, sont là, seuls, sur
un banc circulaire adhérent au mur. Le plus
jeune s'est endormi la tête sur les genoux du plus
grand qui, l'œil fixe, pense. Ce sont des otages.
On les a pris, emprisonnés, on va les tuer peut-

être! La respiration s'arrête... On se sent devenir
méchant, on voudrait venger ces innocents. Il
faut bien du talent pour émouvoir ainsi, et jamais
M. J.-P. Laurens ne s'était élevé si haut.

Irène, peinte par le même artiste, a l'air d'un
tableau antique trouvé dans quelque fouille, tant
le mystère l'enveloppe. Cette reine, cette sainte,
n'était-elle pas un mystère? « Ego lux mundi :
je suis la lumière du monde », disait-elle; mais
elle a fait aveugler son fils. Très belle peinture,
fourmillant de détails savants.

C'est dans la note sérieuse, dramatique même,
que nos artistes ont conçu presque toutes leurs
grandes toiles cette année. On sait que les Parisiens aiment les drames et disent volontiers, en
revenant de l'Ambigu : « Nous avons beaucoup
pleuré. Ah! que nous nous sommes bien amu-
sés! » On ne sera donc pas trop attristé pour
avoir vu *les Bouches inutiles*, de M. TATTE-
GRAIN. « Or enfants, viex hommes et fames » des
deux Andelys, ayant été rejetés par la garnison
du château à court de vivres, puis repoussés par
les assiégeants, « ainsy furent là quatre moys »,
vivant d'herbes, de racines, et enfin des cadavres
de leurs compagnons.
Toute cette foule à moitié gelée dans la neige :
femmes échevelées, vieillards hàves, enfants aux

yeux hagards, convoite les débris humains sur
lesquels se ruent les plus forts. Les plus faibles
se déchirent l'estomac avec leurs ongles pour
atténuer les tortures de la faim. Femmes, enfants,
vieillards éperdus de misère, errent, tombent, se
traînent, meurent et sont mangés. L'eau grise, la
neige foulée, rougie de sang, la perspective lointaine et désolée, tout est parfaitement rendu.

On a froid dans le dos. Les larmes nous gagnent,
on sanglote. Mais, retenu par le charme d'un
immense talent, on reste là. Il faut que des amis
vous disent qu'on n'est pas venu seulement pour
se livrer au désespoir, et vous entrainent tout
tremblant.

L'Empereur, après la triste campagne de Russie,
vient à Compiègne voir son fils au berceau. Le roi
de Rome prend la main de son père, s'endort, et
le terrible César est prisonnier. Forcément immobile, il songe. Mme Hochard retient d'un geste, au
seuil de la porte, l'aide de camp. M. DAWANT
sait être Meissonier, quand il veut. Son *Captif*
est très remarquable.

Une tranche de roc, enlevée par le temps, a
fait un chemin où deux guerriers du xvie siècle,
l'un vêtu d'une cuirasse, l'autre d'une casaque
rouge, poussent devant eux, à coups de pique, un

troupeau *Pris à l'ennemi*. Les bestiaux ont beau
résister, il faut voir comme ils courent sur nous,
poussés par le bouillant tempérament de M.
Luminais, qui jette hélas ! son dernier éclat[1].

M. Pille, nous montre le quartier des Archives
le 12 Mai 1588 : une rue sombre dont les maisons
se rapprochent au fond, séparées seulement par
un rayon de jour et un ciel lourd à peine entrevu.
Au premier plan, capucins, cordeliers, moines, la
boîte à poudre, la cartouchière aux côtés; le
Balafré, vêtu de blanc, un bâton blanc à la main ;
les princes de Lorraine et tous les Guisards, prêts
au combat, se lèvent pour la bataille. C'est la
Journée des Barricades. M. Pille ne manque
jamais son effet. De plus, il ne veut pas que le
temps altère sa peinture. Ses tableaux pourraient
avoir trois cents ans ou n'être faits que dans un
siècle, ils n'auront pas d'âge pour nos neveux, et
disent quel adroit metteur en scène est leur auteur.

Le général Causse, à Dégo (1796) par M. Bou-
tigny tomba mortellement frappé dans les bras de
son compagnon. Pendant qu'on le relevait, il
aperçut le général en chef, et lui demanda d'une
voix éteinte : « Dégo est-il repris ? — La redoute

1. Evariste Luminais est mort en 1896.

est à nous, répondit Bonaparte. — Dans ce cas,
je meurs content. Vive la République ! » s'écria
le blessé d'un accent héroïque. Et sa main s'é-
tendit encore vers le champ de bataille. Il y a
dans cette œuvre beaucoup de science, d'étude et
l'affirmation d'un grand talent acquis.

M. DEBAT-PONSAN expose *la Visite au sculpteur*.
A l'arrivée de Loménie de Brienne, archevêque
et gouverneur de Toulouse, statuaire et ouvriers
interrompent leur travail. La scène est très bien
conçue, ample et simple à la fois.

C'est au *Massacre des Barbares par Ha-
milcar* que M. SURAND a employé le puissant dessin et les tons justes dont il est doué. Son armée
d'éléphants est adroitement groupée, sans sécheresse. Elle fait bien reculer l'ennemi qu'elle écrase,
et s'avance imposante portant les vainqueurs.

M. Hector LE ROUX nous reporte au *Bosquet
de Vesta* où deux jeunes vierges se promènent
faisant, dans leur marche, osciller doucement leur
fine tunique de lin. Puis, au *Lupercal,* c'est-à-dire
à l'antre de la louve, sur le mont Palatin. La
gardeuse de chèvres y est avec Romulus et Rémus
déjà grandelets. Les sujets antiques ont toujours

I   17

un irrésistible charme pour les peintres, pour les
poètes.

Les Mercenaires au défilé de la Hache, vau-
tours, mourants et cadavres, ont accaparé le grand
savoir de M. THIVIER qui aurait bien mieux à
faire pour notre bonheur.

M. ALVIM-CORRÉA met le comble au drame. En-
gouffrés, comme en un puits, dans les échafaudages croulant sous les balles, morts par terre,
blessés tombant, on tire encore du haut d'une
échelle. Mais c'est le dernier coup de feu, le dernier soldat. Tout à l'heure il n'y aura plus là
qu'une femme sans cartouches, car seule elle est
encore debout. Très inspiré, cet *Épisode militaire
du siège de Paris !* Mais que de tristesse !

GENRE

Fantaisie, tête de femme en pleine lumière, atteste la souplesse extrême des pinceaux que M. Tony ROBERT-FLEURY s'entend si bien à doubler de crayon. C'est fait avec un sentiment profond de l'harmonie des lignes.

Quand arrive la vieillesse, tout se retire de nous avec la vie qui lentement se dérobe. Charme extérieur, grâce ou beauté qui excitaient la sympathie, attiraient les affections, se sont effacés. Les grands enfants, entraînés par l'amour et les nécessités de l'existence, s'éloignent insensiblement. Tous les liens se détendent de plus en plus jusqu'à ce qu'ils se rompent. Afin que la rupture en soit moins sensible, — les lois de la fatalité ont leur prévoyance, — le vieillard, souvent au risque d'être importun, court encore avec plaisir après l'humanité qui le fuit, s'accroche à l'amour sans craindre le ridicule. Mais la femme... que lui reste-t-il ? Le travail, quand elle voit encore clair ; l'enfance, qui, par l'attraction des contraires, aime les vieillards.

De ces pensées, M. de RICHEMONT a fait un tableau : une aïeule, un bébé s'appuyant tendrement sur sa poitrine. Le soleil, entrant par une vaste fenêtre, les prend dans un dernier rayon. La religieuse fait la lecture ; mais la grand-mère ne l'écoute pas. Elle éloigne sa broderie commencée et pense à autre chose. Elle est un peu lasse. La vie est longue, et si lourde de souvenirs quand on arrive au bout ! Mais il reste encore la nature qui ne change pas, l'enfance qui sourit à tout ce qui l'aime, la religion qui promet l'éternité, consolations de l'âge mûr, *Derniers rayons* de bonheur. Grande inspiration, merveilleusement exprimée par les pinceaux habiles de M. de Richemont.

En été, de M. WENCKER, est le spectacle exquis de sept femmes nues, les unes dans un lac où elles plongent avec des fusées de perles jaillissantes, les autres sur le gazon, laissant respirer librement leurs chairs fraîches et jeunes. De grands arbres les couvrent d'une ombre épaisse que le soleil perce çà et là. Il faut être si fort pour peindre les nus que, sous prétexte de décence, les académies se font de plus en plus rares. On prétend aussi que ces sujets-là se démodent. Ils sont trop verts, les raisins! Par bonheur, nous avons encore les Bouguereau, les Wencker, et bien d'autres.

Le Coin de jardin, de M. COLLIN, est un suave Éden. Trois belles jeunes filles s'y épanouissent à l'ombre tiède : une, de profil perdu, cheveux châtains, robe aubergine ; une autre blonde, corsage vert clair et jupe rosée ; une troisième d'un blond très foncé, vêtue de blanc, assise sur l'herbe où ses compagnes sont étendues. Les étoffes comme les chairs ont des fluidités de rêve, des douceurs de touche infinies dont raffolent les peintres. Ces charmes abstraits, qui vont à l'esprit en passant à peine par les yeux, ces merveilles de grâce qu'on dirait faites d'un souffle, sont le résultat d'un art unique, d'une longue étude. Le grand jour a des effets qu'on surprend à force de le regarder courir sur les chairs qu'il entoure. M. Collin seul sait à quoi s'en tenir là-dessus.

Point d'ombre. C'est modelé dans les quarts de tons, avec les teintes fugitives du sang qui circule, les palpitations de la jeunesse, et... le secret du grand « plein air ».

M. SAINTPIERRE nous donne une petite fille orientale dont les grâces féminines se révèlent déjà sous la veste rose. L' « abaya » légère, retenue par une ceinture d'or, ne cache pas ses formes

ondoyantes, précoces, et découvre de beaux
pieds nus. Un rideau entr'ouvert laisse voir la
salle éclairée où *Yamina* va porter le café « pour
deux ». Les délicates petites mains, sortant des
flots de gaze pour soutenir le riche plateau, sont
adorablement peintes.

Yamina, c'est le vieil Orient dans sa contem-
plative rigidité, c'est l'Orient moderne dans toute
sa séduction. L'artiste raconte, par ses pinceaux
souples et mâles, toute l'histoire de la femme
dans ce climat surchauffé où la puberté précoce
fait d'elle une fleur aussitôt brûlée qu'éclose. La
jeune fille, être vif, presqu'ailé, éclat de rire de la
vie, n'existe pas dans ces régions où l'on marie
la femme à dix ans. Enfant aujourd'hui, épouse demain, vite fanée, elle tombe dans les neutres,
invention du pays. Elle est triste, parce que sa vie
n'a pas de printemps. M. Saintpierre a su dire
tout cela sur son tableau, un des plus charmants
qu'il ait faits.

Pour retrouver une scène telle qu'elle s'est passée dans la vie, il faut voir les tableaux où
M. ADAN se plaît à unir le genre au paysage.

Dans le silence des montagnes, un village est
blotti. L'ouvrier, dont la ménagère est morte, se
rend au travail, traînant une brouette. Il s'arrête
et sonne à la porte d'un couvent pour confier ses
enfants aux sœurs pendant ses heures d'absence.

A la porte, une religieuse reçoit *les Orphelines*.
Son costume blanc et noir se détache sur le fond
roux de la porte ouverte. Maternelle, avec des
airs d'ange habillé, elle est belle, les enfants vont
l'aimer. Le père peut avoir confiance. Dans le
lointain, des rochers sombres, couverts de neige,
se perdent sous la brume du matin. Le cœur et la
poésie dont les tableaux de M. Adan sont empreints
doivent être le reflet de son caractère. En tout
cas, cela fait très bien.

M. FLAMENG n'expose pas. A défaut des œuvres
de large conception qu'il prépare pour l'an pro-
chain, nous aurions aimé voir cette année les
deux grisailles, modèles des nouveaux *Billets de
banque*. Sur celui de cent francs, la Navigation
debout, prête au départ, fait pendant à l'Agricul-
ture assise et calme. Une ville en contre-bas
s'étend à leurs pieds. De l'autre côté du billet, le
génie du Travail embrassant l'ensemble, inspire
l'ouvrier qu'entourent des outils divers.

Aucune œuvre ne sera plus connue que celle-ci,
qui passera sous tous les yeux, proclamant la grâce
virile de M. Flameng.

L'ancien usage des collations sur l'herbe s'est
réfugié dans le peuple, trop intelligent pour renon-

cer facilement aux bonnes choses. C'était charmant !

Voyez quelle jolie scène xviiie siècle a peinte M. Le Blant : *Partie champêtre*. Le grand soleil d'été, forçant l'entrée d'épais feuillages, s'infiltre en taches d'or autour des convives. Cinq femmes, coquettement parées, quatre gentilshommes et un vieux domestique, forment un groupe très chatoyant. Une jeune fille s'attarde, pêchant encore dans un bateau. De l'autre côté de l'eau, des bords riants, très éclairés, ont des effets éclatants. Ce tableau, « plein air » par excellence, n'a pas touché l'atelier. Cela se voit.

On se presse beaucoup devant *Un moulage*. M. Dantan nous montre une scène d'atelier prise sur le vif, dans une gamme de blancs : blouses d'ouvriers, plâtre au dedans, neige au dehors, grandes difficultés vaincues. C'est tellement naturel qu'on prend un intérêt réel au travail de ces ouvriers qui « dépouillent », suivant l'expression technique.

Intérieur normand. Une vieille maman, bien nature, très finie, lunettes sur le nez, tricote attentivement sous les yeux émerveillés de sa petite-fille. Le grand jour entre par la fenêtre et frappe porte, table, menus objets, avec une justesse, un

éclat remarquables. Excellent tableau du même
M. Dantan.

Deux petits chiens et un gros se sont rencontrés
en pleine cuisine. La guerre s'est allumée. Trois
gamins, gâte-sauces, mitrons soulignés de rouge,
les retiennent vainement. Un grand panier d'œufs
est renversé. Omelettes, œufs sur le plat sont servis sans autre préparation. *Bataille de chiens* est
aussi amusante que bien peinte. M. BAIL est toujours heureux dans ses effets.

Fera-t-il beau? demande M. J.-G. JACQUET.
C'est peu probable, avec le nuage gris qu'il a
mis comme fond à sa mignonne personne. Chapeau rond sur la tête, dentelle au cou, mains dans
une manière de manchon, elle se penche sur un
balcon, faisant ondoyer l'épais satin de sa robe
jonquille à plis Watteau. Belle toile coquette,
tout à fait xviii° siècle.

Sous la tonnelle, on ourle *le Voile de mariée
de la petite Mirette.* De belles roses trémières
gardent la porte de la fiancée. Aimable toile de
M. DAMERON.

17

Faut des caresses, mais pas trop n'en faut,
pense M. Brispot montrant une gentille enfant
qui mange de baisers sa jolie mère, assez avenante
pour excuser ce *Trop de caresses*.

On moissonne *Dans les champs* de Mme Gardner. Hommes et femmes sont occupés. La garde
d'un enfant est confiée au brave chien, qui veille,
campé près du trésor, sous l'ombre d'un buisson.
Véritable Jésus que ce beau bébé aux fossettes
rosées, aux yeux étonnés : l'enfant dans tout ce
qu'il a de beauté, de grâce, d'attraits irrésistibles,
joie du présent, mystère de l'avenir !

De Mlle Romani : *Fior d'Alpe*. Fleur ou femme,
nous l'aimons comme tout ce qui ravit par l'esprit
et par la beauté. Dans un éclat de rire, elle émerge
d'une draperie verdâtre, qui semble une large
feuille d'arbre, toute transparente. Ses yeux sourient, comme sa bouche pétale de rose, et sa chair,
lis et lumière, est le dernier mot du parfait.

Desdémona fait comprendre ce que Shakespeare
lui-même n'a pu expliquer tout à fait : la jalousie
irraisonnée. Mlle Romani a su parfaitement unir la
vertu à la beauté, et l'envelopper d'un charme inconnu : création de Shakespeare, sur une toile de
dix !

Mme Consuelo Fould a paré de beaucoup de séductions une certaine *Maya* aux regards profonds,
plus ou moins indoue. Assise sur un large et magnifique fauteuil, dans un décor lumineux, elle
trône en véritable souveraine de beauté. Le visage
est finement modelé. Sur les cascades soyeuses
de riches étoffes tunisiennes allant du rouge au
rose et au vert, ses longs cheveux noirs ruissellent
près de ses mains fines et transparentes.

Tannhauser au Venusberg. Blonde, le corps am-
bré dans sa tunique en gaze d'or constellée d'étoiles, la séductrice de M. J. Wagrez est éblouissante. La résistance de son insensible guerrier
nous étonne.

Trois avis. Un bureaucrate cause avec deux
hommes en costume Louis XV. Chacun défend
son opinion. Véritable peinture instantanée, saisissant les personnages et leur expression dans toute
leur vérité, signée Steinhel.

La belle *Mignon*, blottie dans un coin avec ses
grands yeux et son tambour de basque, nous rappelle les plus beaux jours de M. Landelle.

La lessive à laquelle toute une famille s'emploie,

de M. Moreau de Tours, est une scène des mieux saisies. On lave, on tord, on rince ; et, *le Coup de vent* aidant, le linge séchera vite au grand air.

Dilettanti. Autour d'un pianiste, chanteurs et chanteuses de tout âge se groupent avec beaucoup d'art, dans des tonalités frappantes de vérité. C'est vécu. Depuis qu'il est empêché par sa santé, M. Moreau de Tours condense sur de petites toiles tout le talent juste et consciencieux qu'il mettait dans les grandes.

Le négrillon s'est mis *A la place du maître*, et mange une grenade, au milieu d'un luxe de couleur répandu à plaisir, par M. Monginot, sur une toile des plus décoratives.

Quittant l'enfance pour la vieillesse, afin de prouver qu'il excelle dans les deux genres, M. Lo-brichon nous a peint *le Soir*, une très belle paysanne âgée, toute à ses souvenirs et revivant le passé.

M. Bouchor aime le cidre, et bien lui en prend, car cela nous vaut d'intéressantes toiles. Celle-ci est pleine de détails richement exécutés. Les hommes joyeux, les filles pleines d'entrain, versent à plein bord *le Cidre nouveau*. On ne s'ennuie pas dans cette cuisine!

De M. Luigi LOIR : le *Marché à la ferraille*, très animé, excellente composition d'un grand impressionniste qui sait être lui et rester vrai.

Impossible de ne pas trouver irréprochable le soldat de M. BERNE-BELLECOUR, qui se taille une badine *Chez l'habitant,* au pied d'un escalier fleuri.

L'académie de M. Franc LAMY, *Sous les saules,* est hardiment modelée, avec ses éclats de lumière sur les reins, sur l'épaule et sur le chignon.

Un joyeux gars excite, d'un rameau de feuillage, le bourriquet monté par une belle paysanne. Tous deux s'en viennent à nous, toujours courant, s'éloignant du clocher et du moulin qu'ils laissent dans un rayon de soleil. Allons! Hop ! *En route pour Cythère,* dit M. Georges LAUGÉE.

L'Occasion fait le larron. Des ramoneurs volent les brioches d'un petit pâtissier pendant que celui-ci se délecte à la lecture d'affiches apposées sur un coin de mur. M. CHOCARNE-MOREAU reste en vedette, cette année, comme toujours.

Garde du Palais, tableautin très bien fait par M. DEUTSCH, est à voir.

Pierrot amoureux s'agenouillant devant une jeune fille fort occupée de sa couture, toile coquette, est de celles que M. Alexis VOLLON tient toujours au bout de son pinceau et peint sans effort. C'est de naissance.

Explosion de couleurs et dessin correct, costumes moyen âge aux étoffes étincelantes de soie et d'or, un page, par M. CARRIER-BELLEUSE, lit un manuscrit enluminé posé sur le banc où lui-même est assis. _Attachante lecture !_

Mlle GUYON nous fait dire la bonne aventure par une femme plus ou moins bien coiffée, qui, si elle connaît l'avenir, n'a pas le secret de faire fortune. Une jolie blonde, une brune coquette, l'écoutent naïvement. La plus clairvoyante est l'auteur qui vendra bien ce joli tableau, très fini, et serti dans un cadre parfaitement décoré par elle de chardons

symboliques. M. Henri Martin n'est-il pas jaloux
en retrouvant là sa fleur? Il est piquant de voir le
chardon se glisser ainsi subrepticement dans les
ateliers. Très réussie, la *Diseuse de bonne aventure*.

Au feu! Une pompe à incendie, lancée à toute
vitesse, prend en écharpe un omnibus. Les chevaux,
retenus subitement, font un beau mouvement de
recul. Travail hérissé de difficultés, dont M. Georges Busson, fils du célèbre paysagiste, sort à son
honneur.

Gismonda, voilée de longs cheveux blond-chaud,
coiffée largement d'iris et de gros pavots, vêtue
d'une tunique d'un vert hésitant, nous pénètre de
son regard sympathique. Peinture fine, qui s'enlève hardiment sur un fond de mosaïque d'or,
étude genre vénitien par Mme Comerre-Paton
dont le talent se corse de plus en plus. Cette tête
de femme, originale, très bien peinte, rappelle la
science de Cabanel.

On est en Orient. M. Ch. Brun, en sa coquette
et très bonne toile, nous montre une jolie fille
derrière sa jalousie, faisant signe à un galant que

la cámériste introduit au logis. C'est la *Guezzana*,
diseuse de bonne aventure arabe.

Voici *Jeanne I*ᵉʳᵉ *de Naples*, en pied, vêtue
d'une robe bleue, d'une dalmatique de velours,
et tenant son fameux cordon.

« La dicte dame, tressant un jour un cordon
« d'or, Andréassy, son mari, lui demanda pour
« quoy. Elle luy répondit en souriant : « C'est pour
« vous pendre. » Mais enfin l'effect s'en suivit, de
« quoy elle en fist des excuses au roy Louys de
« Hongrie, frère d'Andréassy » (Brantôme).

Mˡˡᵉ LE ROUX, énergiques pinceaux, s'est bien
tirée de ce drame sensationnel.

Elle nous a peint encore une jeune fille assise,
appuyée sur le rebord d'une terrasse et rêvant le
soir. C'est l'*Heure de l'attente*.

M. DUCHATEAU fait jouer devant nos yeux une
scène de charité très réussie, le *Dispensaire de
l'enfant Jésus à Tours*. Une religieuse panse la
main d'une petite fille. D'autres distribuent des
vivres à plusieurs bébés attablés sous la lumière
lancée par une fenêtre. C'est peint avec talent.

Struggle for life, de M. LUYTEN, est une mêlée

d'ouvriers criant, se démenant, se frappant, se
tuant, montant sur les tables avec une furie vertigineuse. On lit sur un écriteau : « Nous voulons
du pain ! » Cependant aucun des ouvriers, solides
gaillards, n'est loqueteux et ne semble souffrir
de privations. Au centre, s'élève un drapeau
rouge. Composition hardie, violente, suivant l'exi-
gence du sujet.

De jolies modernes, bien éclairées, une au
piano, une autre chantant près d'un joli garçon,
Entre artistes, ne dégoûtent pas de la vie, et
attestent le talent crâne et gracieux de Mme VALLET.

De M. Marius VASSELON, *Jeune fille et prime-
vère* est une toile bien venue, d'une facture étudiée, d'une composition intéressante.

Il ne faut pas laisser inaperçu *le Secret,* très
bien fait par M. DEACON, un mourant se penchant
vers un paysan de ses amis.

PAYSAGE

Notre école moderne est riche en paysagistes.
Les plus célèbres se donnent rendez-vous au
Salon, cette année. Saluons d'abord M. Français
et son *Sentier des Réservoirs à Plombières*. Un
gai maronnier perce de ses feuilles vertes la
masse sévère de grands sapins dont l'ombre
lourde tombe trouée de quelques fusées de soleil.
Au second plan, la lumière fait explosion dans
une vaste prairie dont le tapis d'or s'étend à l'infini. Sous les vapeurs légères des lointains, les
arbres aperçus s'effilent en plumage dans le ciel
clair.

Sur une autre toile, *les Bords de l'étang de
Cernay-la-Ville*, un arbre gigantesque ombrage le
premier plan. Au second, la lumière se fait. Des
lavandières s'accroupissent près de l'eau courante.
Une dame passe, avec son ombrelle rouge et les
lointains grisonnent. Coquette toile du grand
maître paysagiste.

Inspiré par un coin de nature plein de souvenirs et de vieilles connaissances : arbres dont il
sait l'âge, herbes qu'il a vues naître, M. Busson,
très ému, a peint *le Val de Lavardin* s'étendant
autour des ruines d'un vieux château qui se dresse
sur des hauteurs, découpant dans un ciel chaud,
sa silhouette mélancolique. Une eau claire et
courante, aux premiers plans, baigne jusqu'à la
cheville de belles vaches à l'air endormi qui
viennent boire, se rafraîchir le museau et les
pieds, en fixant sur nous leurs grands yeux pen-
sifs. Le soleil est parti, mais ses reflets s'attar-
dent. Le ciel reste enflammé sous les ardeurs du
couchant. La lumière n'est plus qu'en haut, très
chaude encore, jetant aux cimes quelques caresses
d'adieu. La lune pâle et curieuse monte bien vite,
discrètement, pour saisir sur la nature la trace de
son dernier baiser. Les plantes, les feuillages
attendris, tout, jusqu'au moindre brin d'herbe,
a de petites larmes de joie, rosée fine qui tombe
en gouttelettes déliées. L'ombre enveloppe déjà
les fourrés. Le crépuscule se faufile dans les
arbres. C'est l'instant où le jour et la nuit se rencontrent pour se fondre doucement l'un dans
l'autre, sous les derniers reflets de ce soleil parti.

Ce souvenir d'amour, de M. Busson, pour sa
chère maîtresse, la nature, est l'histoire de longues impressions reçues et rendues. La chère
nature ! consolation pour tout ce qui vit, pour
l'homme dont elle enivre le regard, l'animal qui

se baigne dans ses eaux. Puis la fragilité de l'œuvre humaine, attestée par des ruines qui s'effritent et l'éternité mystérieuse se révélant dans la lueur qui, du ciel, envahit tout. A l'admiration que nous inspire le talent des peintres auteurs se joint l'orgueil de la confraternité. Ce tableau, vous ne l'oublierez jamais : quittez-le, si vous pouvez. On y vient, on y revient, on y demeure.

M. Busson, fin, spirituel, saisit toujours de la nature la douceur, la poésie, mais quelquefois aussi les révoltes. Sa *Menace d'orage* nous ferait fuir, si elle ne nous retenait par le talent qu'elle contient. C'est chose rare que le mouvement dans un paysage. Voici pourtant, sur une petite toile, du vent rudoyant un gros nuage gris ; bientôt de la pluie. La nature est en proie à une agitation terrible. Les herbes se couchent, les arbres se secouent effarés, le ciel gronde ; déjà de grosses gouttes tombent. Très bien saisi, mais... sauvons-nous !

Dans la plaine qui s'étend à perte de vue, des meules sont espacées. La plus près, inachevée, abrite de son ombre un groupe de femmes au premier plan. Une fillette de quinze ans apporte une cruche pesante et, dans un panier, le déjeuner que lui prend des mains la fermière, assise

sur une botte de paille. Deux robùstes filles,
simples ouvrières, sont étendues sur le chaumè.
L'une d'elles reçoit un rayon de soleil qui accroche
aussi la gamine debout, dont il allume en transparence la capuche rose. Un homme arrive pour
prendre part au repas, laissant derrière lui un
chariot. Au fond, à travers une volée de pigeons
presque invisibles, la bande verdoyante d'un
champ de betteraves reluit dans la lumière. Tout
au loin, une tour carrée et le vague rideau des
arbres du marais s'aperçoivent. Paysannerie
douce, faite de vérité embaumée du parfum des
champs. Pour bien comprendre ce nouveau chef-
d'œuvre, il faut lire le charmant livre de M J. BRE-
TON.

Dès l'aurore, une femme s'est levée et se rend
au travail, traversant un champ de luzerne,
cruche sur l'épaule et paille sous le bras. Le ciel
est embrasé par l'astre que cache encore l'horizon
vaporeux. Toile du même artiste très attrayante
par une sorte de faire mystérieux.

M. HARPIGNIES déroule à nos yeux *la Loire aux
environs de Briare*. Le fleuve, très large, coule
doucement dans son lit bordé d'épais gazon. Des
chênes géants étendent vers lui leurs grands bras.
L'un d'eux est mort, mais garde encore quelques
dernières feuilles rousses desséchées. L'autre

semble regarder le fleuve qui s'éloigne sous un
ciel spacieux, profond, regagnant le centre, con-
tournant deux petits caps allongés et verdoyants
qui le mordent de leurs dents de sable. Après
quelques doux méandres, l'eau s'enfuit et se perd
dans les lointains sous une brume transparente.
La végétation grasse, exubéramment vivace, répand partout la vie dans cette maîtresse œuvre.
Si M. Harpignies n'a plus vingt ans, sa palette
les a toujours, et jamais son talent ne fut plus
puissant. Ce superbe tableau est destiné à la salle
à manger d'heureux habitants de Briare.

M. BERNIER, peintre de la Bretagne par excellence, en a saisi les teintes d'un vert vivace, un peu
anglais, les forêts hantées de légendes, dans le
Bois de Kerlagadic. Tout du long d'une allée,
sous une grande futaie à l'ombre pénétrante, se
faufile un rayon, laissant sur chaque feuille sa
tache lumineuse que voile à demi une vapeur légère. On comprend les païens qui prêtaient des
formes humaines aux rêves qui flottent dans l'imposant palais de la nature.

Un soir au bord de l'Yonne, est une sorte de
prélude au crépuscule, paysage tout harmonie par
M. ZUBER. Saules au premier plan. En haut d'une
colline, le château de Mailly s'enlève sur la lu-

mière descendante. Les teintes du soleil couchant
donnent des colorations blondes, des ombres
mordorées, projettent dans l'eau la douce silhouette du château, celle des arbres frémissants,
et enveloppent la nature de frôlements attendris.
Plus loin le ciel, doucement lumineux, se perd
en demi-tons, comme se reposant du jour. Des
vapeurs légères montent dans une prairie lointaine.
Des feuilles mortes tombent sur des regains de
gazon. C'est l'automne mélancolique et doux. On
dirait la fin d'une journée heureuse.

L'arbre, différent de l'homme, préfère la solitude à la société. *En pleine campagne*, il allonge
avec bonheur ses grands bras, s'étire à demi
endormi qu'il est, et sème autour de lui, dans son
vaste ermitage, sa famille verdoyante.

Au revers d'un chemin menant à de vastes
plaines, le superbe chêne de M. Zuber se dresse
avec toute sa lignée de roi. Jeunes et vieux,
troncs noueux, tiges flexibles, vert énergique ou
vert tendre, tous ses enfants sont là avec leurs
parfums âpres et pénétrants. Ils s'épanouissent
opulemment, ayant à leurs pieds, comme un tapis
d'or, les épis mûrs ou les champs moissonnés,
heureux de n'avoir rien entre le ciel et eux. Un
soleil ardent darde ses rayons sur ce splendide
bouquet, accrochant au passage un laboureur et
ses deux chevaux blancs, qui surgissent plus loin.

Les herbes du premier plan tachent énergique-
ment la route.

M. Guillemet devient le peintre ordinaire de
la ville de Paris. Pourquoi pas? Les souverains
ont leur peintre. Notre belle cité peut bien avoir
aussi le sien. On aime à faire ce qu'on fait bien.
Voilà pourquoi M. Guillemet, au puissant tempérament, a voué sa palette à notre irrésistible ville
et nous la montre vue des Moulineaux.

Splendide, couronnée de feuillage, *Paris*, la
tour Eiffel en aigrette, parée de monuments, de
palais, majestueusement allongée sur l'herbe,
laisse mouiller par la Seine le pan de sa robe et
sa ceinture, qui vont se perdre au loin dans les
méandres boisés. Riche, capiteuse, provocante,
fraiche, elle attend les hommages que tous les
peuples du monde apportent à ses pieds. A droite
se silhouettent des buissons jaunis par l'automne.
Maisons, bois, tout va se fondre à l'horizon avec
les couleurs les plus vraies, sous le pinceau d'un
Parisien qui peint sa ville avec amour. C'est complet comme illusion.

On n'ignore pas que M. Gagliardini a de secrètes accointances avec le soleil. Voyez-les plutôt passer tous les deux dans *Une rue provençale*,
l'un éclairant l'autre. Les paysannes sont aux

portes, une d'elles approche son bébé, sa petite fille la suit. Il faut voir ça. C'est éblouissant.

Déjà l'État s'est adjugé le grand tableau de ce maître : *Roussillon* (Provence). Sous un ciel implacablement bleu, au sommet d'une terre incendiée aux ocres flambantes, un bourg féodal découpe sa silhouette embrasée. A gauche, une route blanche et fraîche semée d'ombre conduit au village et donne un apaisement à ces ardeurs.

M. Petitjean nous emmène en *Lorraine*. Mont-sur-Meurthe est un village qui semble reposer au haut d'une colline, après une chaude journée. Le clocher coupe le ciel d'or en fusion, l'eau rampe à ses pieds, jouant avec des touffes d'herbes dont elle nous envoie la fraîcheur avec les lambeaux de la lumière bleue qu'elle reflète. Des chaumes épais protègent les semblants de maisons, et tempèrent par leurs ombres les couleurs hardies de ces habitations rustiques. C'est un maître tableau.

Tisseuses et fileuses de Picinisco, doucement brossées, et, un peu plus loin, *Bords du Doubs*, — un lac encadré de feuillages, solide Corot, — nous

18

rappellent M. de Curzon, dont la mort laisse un vide dans les paysagistes de la grande école[1].

Le Temps d'équinoxe, par M. Demont, est un ensemble de difficultés vaincues, un tour de force en peinture. L'arc-en-ciel aux vapeurs lumineuses paraît pour la première fois, comme signe de réconciliation entre le ciel irrité et l'humanité suffisamment punie par le déluge. Cet arc-en-ciel aux sept couleurs est un très beau décor. M. Demont n'est pas de ceux qui prétendent peindre pour peindre seulement, sans exprimer autre chose que l'art d'étendre de la couleur sur une toile. Ses paysages, exprimant des sujets élevés, détendent l'âme par l'oubli des petitesses humaines.

Au sommet d'un mont, des ruines dressent fières leurs cimes sous la couronne de feu que leur envoie le soleil en partant.

Les nuages rougissent. De folles avoines jaunissent. C'est l'automne. De jolies fumées flottantes sont dans l'air et, en bas, de longues couches de brume s'étendent sur les gazons. Une eau glisse très claire. C'est la rivière l'Anglin qui s'enfuit dans la vallée pendant que la petite ville d'*Angles* se repose. Tableau d'assez grande

1. Paul-Alfred de Curzon est mort en 1895.

dimension, qui dépasse encore en valeur tout ce qu'avait fait jusqu'ici M. DAMERON.

Les Ruines de la Cour des Comptes sont remarquablement peintes sur place par M. Auguste CONSTANTIN[1], qui a consacré plusieurs mois de sa vie à cette étude. Le pauvre artiste est mort, nous laissant ce souvenir ému d'une exactitude parfaite. Bien singulières, ces ruines où fourmillent en bas les chats sauvages, en haut les pigeons, ceux-ci mangés souvent par ceux-là, sans que leur légion déserte la retraite aimée !

Le Soir à Cerverieux est un bel effet d'ombre, par M. APPIAN. Tout y est calme. Une paysanne attend, pour la ramener à l'étable, une vache qui boit les pieds dans l'eau. La ferme est proche. Au loin, des coteaux s'élèvent doucement ; à droite, un bouquet d'arbres se termine hors de la toile ; le ciel est vaste, profond

Voici, de M. YON, *la Vallée de la Somme.* Baignée d'eaux limpides qui s'en vont, charriant de légères plaques de lumière bleue, elle descend lentement et s'attarde, lourde des beaux souvenirs

1. Auguste Constantin est mort en 1895.

d'été. Les ajoncs, qui folâtrent aux premiers plans,
font, par leur vigueur, reculer le fond. Le ciel gris
est nuagé de blanc. A gauche, les arbres jaunis-
sants accusent l'automne et les mélancolies dont
M. Yon est charmé. Le cheval qui fourrage dans
l'herbe haute, le bonhomme qui pêche, ne se
doutent pas de ces choses que nous entendons
pourtant parce que le peintre les dit avec infini-
ment de talent.

Sous le titre de *Ruisseau des cascades* (*Cernay*),
M. GARAUD expose un sous bois avec scène de
gamins s'ébattant. C'est vivant, frais, lumineux.

Et, sous cet autre titre, *la Mare,* un petit paysage d'automne, eau tranquille au pied d'un saule
autour duquel des vaches paissent. Ce dernier
tableau, dans une note blonde un peu grise, est
très vrai.

M. SCHMITT envoie *les Terrasses de Montigny-
sur-Loing,* bel effet d'hiver avec nuée de grêle
passant dans le ciel. Les tours démantelées se
découpent sur les nuages, enfouies en partie sous
les ronces et les arbustes.

Il faut remarquer M. Paul Schmitt, parce que
c'est un artiste ascendant. *Les Murailles du* XIIe

siècle à Provins, étude simple en apparence, té-
moigne d'une grande science du dessin et d'un sentiment très vrai des valeurs. L'harmonie des
lignes y est l'objet d'un grand respect par la ferme
intention de s'affermir dans la bonne peinture.

Sur l'Étang transparent, bordé de fourrés humides et paré de nénuphars dormant à sa surface
est de la belle manière de M. TANZI.

Juillet dans les plaines de Freneuse et *Décem-
bre à Portejoie* sont deux bons paysages aux
teintes claires, au feuillage léger : rivière à droite,
rivière à gauche, talent partout. Signature : CARL-
ROSA.

M. THURNER se fait remarquer par *Noël en Alsace,* fleurs d'ellébore persistant sous la neige.
Les pauvrettes toutes frileuses nous regardent
suppliantes, sous leur voile blanc très pur, dernières fleurs d'une année mourante.

L'Orage qui vient, avec de gros nuages gris,
pour s'abattre sur un beau champ de pavots
qu'il va dévaster, n'a rien de rassurant. Une
éclaircie coupe la toile d'une vive lumière, mais le

18.

temps est bien gâté,... ce qui ne gâte rien au tableau de M. Thurner.

Nous aimons *les Ruines de Pompéï*, par M. Réalier-Dumas, avec cette statue de déesse nimbée, mutilée, gardant encore le rayonnement de son ancienne divinité.

———

ANIMALIERS

Au milieu du jour, *la Ferme Santais* de
M. BARILLOT s'ouvre livrant passage à sept belles
vaches normandes, qui, de droite à gauche, soleil
dardant et tout illuminées, s'en vont aux champs.
Le plein été ne les alourdit pas. Leurs ombres
portées courent après elles sur le chemin rôti par
la chaleur. Chaumières, rideaux d'arbres fluets,
se découpent dans le fond. Tout se dore. C'est
parachevé et très beau, n'en déplaise aux impuissants lâcheurs.

Dans *la Mare des champs,* par le même artiste,
viennent d'autres vaches magnifiques. La brume
argentée, qui aspire le soleil levant, flotte dans
l'air, et sème des perles sur leur dos. L'eau s'allume sous l'astre qui monte. Il fait frais, l'horizon
est spacieux, et l'air se laisse humer voluptueusement.

Sous les profondeurs transparentes d'un ciel de Provence, on est en plein soleil, en plein travail. Mais c'est l'heure du dîner. Robustes travailleurs, superbes bœufs aux naseaux fumants, qui pour manger, qui pour souffler, s'arrêtent près des sillons creusés. Une fillette apporte *la Soupe du laboureur*, et reste à distance. On voit vivre ces braves gens et ces bœufs appesantis par la chaleur.

Les rayons du soleil, distribués juste, détachent bien le principal personnage, assis sur sa charrue. Ils dorent magnifiquement sa veste bleue, son pantalon verdâtre et le beau pelage des bœufs. L'horizon lointain se perd en mamelons bleutés sous un ciel rosé. Maîtresse toile d'une facture large et saisissante de réalité. Nul ne comprend la Provence et ne sait la rendre comme M. Vayson. Il l'aime et nous la fait aimer.

Le même artiste envoie *l'Heure du berger*, pastorale sous la lumière hésitante d'une lune d'automne qui rencontre le crépuscule au milieu du calme de la campagne, idylle dans les effluves amoureux de la nature qui s'endort. On se sent enveloppé de quelque chose de mystérieux : l'amour va passer par là. Les lueurs pâles de la lune éclairent deux villageois, une bergère et un ânier, qui amènent leurs bestiaux boire à la fontaine. Que faire pendant qu'ils boivent ? On cause, peut-être sans se rien dire. L'amour chuchotte

aux oreilles de la bergère, intimidée par la pré-
sence du beau gars. Les fenêtres du village s'éclairent. Tout s'enveloppe de mystère et d'espérance.
Cette petite toile, merveilleusement étudiée par
le maître, a des charmes irrésistibles, quelque
chose de doux qui s'installe dans le souvenir.

Au milieu de la verdoyante *Vallée de la Durdent*,
une belle vache blanche, tachée de roux, s'arrête,
le regard perdu. Une autre, vue de dos, est couchée sur l'herbe ; derrière elle, une vache noire
s'enfuit. Elles sont bien vivantes. Une paysanne,
roulée dans un tablier d'un bleu superbe, coiffée
d'un mouchoir rose et appétissante comme une
pomme saine, s'apprête à la traite. Cela sent le lait.
M. DUPRÉ est un grand maître en ces scènes cam-
pagnardes.

La Sortie de la ferme, du même peintre, nous
montre de beaux arbres. Le soleil paresse à loisir
en plateaux d'or, sur leurs larges branches, et
tout à coup, se faisant jour partout, il tombe sur
le troupeau qui part, allume l'herbe et jette à tort
et à travers ses rayons lumineux. Sur la gauche
est un berger tranquille, tandis qu'à droite le
chien noir affairé rabat les moutons.

Certes la petite *Rentrée du troupeau*, moutons

pressés par le chien et courant dans une belle lumière de couchant, sera remarquée, mais sans préjudice pour *la Mort du loup*. Pendant une chasse, la meute de chiens français, — l'on ne chasse le loup qu'avec des chiens français, — poursuivant le fugitif, arrive au bout d'un ravin où tombent la bête et le chien qui l'étrangle. Scène de vénerie pleine de mouvement, et très bien peinte par M. HERMANN-LÉON.

Les *Environs d'Alicante* brûlent au soleil. Anes gris, blancs, bruns, portent à la ville des légumes et des fruits, dissimulés sous des couvertures magnifiques. Une fringante ânière et son compagnon, en vêtements voyants, les guident. A gauche, s'élèvent des rochers aux teintes rouges où poussent d'énormes cactus. A droite, des avoines sauvages jaunissent sous l'ardeur du soleil en fusion. Tout cela sent l'Espagne d'une lieue. Tableau de M. de VUILLEFROY qui expose aussi : *Chemin creux à la Bourboule* où, sous un feuillage bien gras, coure un troupeau de petites vaches auvergnates trapues et futées. C'est d'une fraîcheur humide très locale.

M. O. de PENNE nous donne *Défaut, souvenir de Rallye-Sivry*. Au milieu de bruyères et de grands bouleaux, on voit le vicomte Aguado dans

le costume que porte tout son équipage. Il est
entouré de veneurs.

Puis, un tableau de moindre dimension, *le Re-
lais*. Dans un chemin très vert, le long d'une pa-
lissade, arrive un valet de chiens, à pied, avec sa
harde. La tenue du valet et celle des équipages
sont de la maison d'Orléans. M. de Penne, le
grand peintre de la vénerie, est inimitable[1].

M. WERTHEIMER, auteur du *Tribut de la Reine*,
ménage de beaux lions dans leur lune de miel,
est d'une vigueur de touche étonnante. Ses deux
lions sont très beaux, la couleur est puissante, le
dessin excellent.

1. Charles Olivier de Penne est mort en 1897.

NATURES MORTES

—————

Tous les nature-mortistes ont envoyé au Salon
de 1896 des toiles de premier ordre.

M. Ant. VOLLON, le grand Vollon, expose *Attri-*
buts des sciences, avec des rutilements de couleurs, des reliefs, des surprises, une majesté d'art
dont rien ne saurait approcher. Toutes les richesses
de sa palette sont répandues là comme à plaisir.
On sait à quel point ce maître est inquiet, tour-
menté. Son besoin de perfection le hante au point
de lui faire détruire ses œuvres avant leur achè-
vement quand il les croit indignes de lui. Il les
crève, les déchire ou les brûle avec fureur si elles
n'arrivent pas à le satisfaire. Cet hercule de la
peinture a des besoins de beau qui le mettent
sans cesse en ébullition, ne lui laissent aucun
repos, et nous valent ses plus belles peintures.

Coupe d'agate, avec son socle en tapisserie, aux
couleurs vues et justes, son empereur à tête

d'améthyste; *Coupe de régate* (en cristal de roche), deux morceaux de première force où ruissellent le velours rouge, l'or, l'émail, le vermeil, les pierres précieuses, attestent que M. B. Desgoffes est toujours en plein succès.

Première leçon de cuisine, par M. Bergeret, a des fumets troublants. Un gâte-sauce tourne un roux qui chatouillera très agréablement les papilles du palais, si l'on en juge par l'attention que son professeur et lui attachent à ce travail.

Les superbes *Roses*, entremêlées de *Pavots*, par M. Biva, sont à signaler. Voilà un peintre vraiment coloriste!

Les *Produits d'automne*, par M. Bourgogne, à la palette hardie, au talent bien franc, est une toile de valeur, justement remarquée par les connaisseurs.

Oh! la jolie *Dinde*, et quels tons éclatants! C'est toujours de mieux en mieux chez M. Claude. Il n'a pas son pareil pour la couleur. Première marque!

M. Chrétien a mérité sa médaille l'an dernier, et tient à ce qu'on ne l'oublie pas. Côtelettes, oignons, pots, passoires sont aussi bien réussis dans la première de ses *Natures mortes* que les carottes, les poireaux, les navets et la marmite qui sont dans l'autre.

Fleurs et fruits ont pour auteur Mme Dury-Vasselon, dont la peinture gagne chaque année en puissance et en succès.

Le talent de M. Attendu n'est plus à signaler. Il nous donne un poulet, un chaudron, une passoire et des souliers qui font entre eux le meilleur ménage et une excellente *Nature morte*.

Le *Poisson*, de Mlle Descamps-Sabouret, est dessiné sérieusement et bien peint. Nous suivons avec le plus grand intérêt les expositions de cette artiste consciencieuse dont le talent se fera jour tôt ou tard.

MARINES

Grâce à M. Petitjean, nous voici à *Dunkerque*, dans des flots de lumière et de soleil bus à longs traits par la mer. A droite, de gais bateaux marchands frappent doucement la jetée, balançant leurs mâts jaunes ; à gauche, des bâtiments de l'État, blancs, bruns, rouges, prennent des airs importants devant le phare des pilotes. La mer a des éclats joyeux et des attraits de flamme. Le mouvement du petit port est extraordinaire. Au fond, sur le quai, le « Lenghenaar », un phare dont on a fait une horloge qui n'a jamais su dire l'heure.

L'église de *Barfleur* est une marine bien normande, par M. Guillemet. Le clocher craintif, à peu près garanti contre les tempêtes, se regarde dans les flaques d'eau à marée basse. Le ciel est sournois malgré le beau temps. C'est que pas un navire, quand il s'aventure par là, n'échappe à ce mauvais pas. Une croix s'élève à gauche sur un chemin que suivent des pécheuses, animant des notes noires de leurs corsages le calme du paysage. Des varechs blondissent le premier plan. On respire à pleins poumons l'air du large.

De M. Yon, *le Port de Cassis-sur-Mer*, sur la Corniche, éclate de soleil, d'air pur, de couleurs heureuses. C'est la Méditerranée avec ciel et mer du même bleu, voiles blanches séchant au vent, pays de l'éternel printemps. Toile alerte, aux tons vivaces et justes, racontant bien le Midi de la France, avec de la joie partout. Dans l'ensemble pourtant, quelque chose se devine d'indécis, d'interrompu, de mélancolique comme le souffle lointain de la mort... qui vient, hélas ! [1].

Une toile saisissante tient l'intérêt en suspens. Un bateau brûle sur l'eau qui n'éteint pas le feu. *Le Canot de sauvetage*, chargé de naufragés, bondit sur les vagues, bousculé par les flots. Le marin, accroché désespérément à son tronçon de mât, s'efforçant, battu par les lames furieuses, d'atteindre la bouée qu'on lui jette, les hommes qui se tendent vers lui, un autre naufragé qu'on

1. Edmond Yon est mort en 1897.

arrache à la mer, le bateau flambant au fond,
tout est bien enlevé par M. MORLON.

Parfaitement réussis, sur la jetée, au coucher
du soleil, les deux marins de M. MARONIEZ,
regardant au loin avec leur longue-vue. *Sacrée
brume !*

RELIGION

Le Christ au linceul domine tout du haut de sa grandeur divine, de son imposante puissance. Il était impossible de mieux comprendre et de mieux rendre l'esprit de l'Évangile. Quand on peint le Christ mort, on s'efforce à tort d'en faire un Dieu. Le Dieu est aux enfers et l'enveloppe humaine, quoique poétisée par le passage de l'âme divine, reste seule jusqu'à la résurrection. *Le Christ au linceul*, étendu par M. HENNER au pied de la croix, est l'expression de cette vérité. Ce martyr fait surgir dans l'esprit le moins religieux la pensée d'un Dieu, mais d'un Dieu parti. Jamais le maître ne s'est montré plus religieusement grand que dans la peinture de ce Dieu absent qu'on devine, de ce cadavre innocent, aux teintes livides, gardant l'expression douloureuse des tortures subies, portant le stigmate laissé par l'injustice bestiale qu'impose l'humanité vicieuse à tout ce qui est pur et bon. Monde de méchants qui porte

écrit sur son front, en lettres invisibles : « Celui
qui m'aime doit en mourir . »

Une plénitude de douleur déborde de celte scène
terrifiante. Les hommes ont disparu, soûlés de
cruautés stupides.

On ne voit que la croix, le mort étendu sur son
linceul blanc, et derrière... le ciel, mystère infini.
Le martyr a souffert la mort pour nous faire de
cet inconnu un bonheur éternel. Rêve ou vérité,
erreur ou intuition, quelque chose de terrible et
d'immense se meut en nous et nous enveloppe à
l'aspect de cette œuvre magistrale dont l'imposant
silence a d'étranges éloquences. Les genoux fléchis-
sent. Si l'on était seul, on prierait forcément,
même sans savoir pour qui, ni pour quoi. Sur sa
lèvre pâlie ce Christ emporte avec lui le nom de
M. Henner dans l'immortalité.

Pauvres modernes que nous sommes ! Avons-
nous des yeux assez grands pour juger à sa juste
valeur cette œuvre sublime, nous qui ne vivrons
qu'un jour?

La Vierge au Paradis, signée HÉBERT, est d'une
beauté céleste, écoutant le concert de six anges,
qui, pour elle, jouent d'instruments enchantés.

La peinture de M. Tony ROBERT-FLEURY n'est pas
à la portée des spectateurs pressés, mais elle donne

des émotions multiples à qui prend le temps de l'étudier. *Thaïs*, vue de profil, à demi couchée sur un coussin rouge, avec un fond passant de l'or au vert, est une œuvre raffinée, essentiellement savante. Une draperie orange découvre le sein, une couronne de roses, teintes neutres, se mêle aux cheveux. Les nuances du visage se fondent dans l'ombre. La courtisane sensuelle au galbe lascif, encore enivrée par son passé de plaisirs, semble rêver de chasteté divine, comme l'adolescent rêve d'amour. Elle a dans le regard un désir latent d'autre chose qui sera la foi.

M. Demont, dont les pinceaux vont de la Fable à la Genèse sans rien perdre de l'intérêt qu'ils excitent, nous montre *la Terre promise.* Dans le fond on aperçoit, baignés de lumière, l'oasis, la terre de Chanaan, Jéricho et le Jourdain. Moïse, le grand homme dont le génie régit encore le monde, — car toute législature, pour amplifiée ou commentée qu'elle soit, vient de la loi Mosaïque, — Moïse, au sommet d'un roc, contemple cette terre tant désirée, cherchée si longtemps, qui lui apparaît par delà les sables du désert, dans un rayon rose. C'est la Terre promise. « Tu la verras, dit l'Écriture, mais tu n'y entreras pas ». Il regarde avec tristesse et résignation le pays où il ne pénétrera jamais. Le talent souple et mélancolique de M. Demont donne un corps digne de la Bible à

cette figure de l'idéal, rêve intérieur dont toute
sa vie l'homme poursuit en vain le mirage, le
voit parfois, mais ne l'atteint jamais.

Au milieu de rochers abrupts, roussis, oxydés,
coupés seulement par quelques bandes de végé-
tations bizarres, un chemin s'est creusé où passe
le Bon Samaritain. Soutenant le précieux fardeau
qu'il a hissé sur son âne, il passe comme la bonté
entre les indifférents. Et le ciel gris s'éclaire tout
à coup. Des effets inattendus surgissent dans cette
solitude, aride comme l'égoïsme humain. Ce Samaritain, son attitude empreinte d'abnégation,
l'homme mi-nu penché sur lui, forment un groupe
on ne peut plus émouvant. C'est tout un livre.
Secourir ce qui souffre, être secouru, deux
bonheurs suivis d'un troisième, la reconnaissance,
naissent de la douleur même dans les grandes
âmes. Il était impossible de rendre mieux ces
pensées que ne l'a fait M. THIRION.

Les inspirations religieuses qui guident les délicats pinceaux de M. TOUDOUZE sont toujours heureuses. Ses compositions sont empreintes d'une
haute distinction.

Le Départ de la Vierge. Très jeune, — on sait
qu'elle avait quinze ans, — tenant dans ses mains

fines le divin bébé, léger fardeau, Marie descend
doucement un escalier de pierre. Son époux
l'attend pour le départ. Il fait presque jour, mais
les étoiles sont encore là, charmées, veillant. Un
coq chante. Poème de M. Toudouze, vrai sourire religieux qui laisse dans l'esprit une trace
délicieuse.

Mᵐᵉ DEMONT-BRETON a des entrailles de mère.
Ses pinceaux ne perdent rien au service de ses
grandes tendresses de femme qui valent au public
des œuvres de pur féminisme, touchantes par
excellence, et aussi viriles que celles d'un homme.
Voyez plutôt, dans cet éclatant rayon de soleil,
Agar agenouillée près de son fils *Ismaël* mourant, et approchant des lèvres de l'enfant l'eau
qui va le raviver. Une grande pitié se dégage de
ce tableau, peint avec une profonde émotion.
Ceux dont les pinceaux suscitent des pensées
sont de grands artistes. Cette œuvre a une
âme.

La seconde toile de Mᵐᵉ Demont-Breton, d'un
sentiment plus doux, rêverie religieuse, *le Colombier d'Isa*, est une ravissante chose, bien pure,
bien virginale. Marie, vêtue d'étoffes blanches
très légères, appuyée contre un colombier, tient
pressé contre elle son doux Jésus, encore tout
petit. L'Enfant-Dieu joue avec une colombe. Des

pigeons volent autour d'eux. Un nimbe lumineux,
allant de l'enfant à la mère, les enveloppe tous les
deux.

Nous n'avons pas vu, au Salon, le tableau que
M. RENARD nous a montré dans son atelier, la
Prière. Quelque amateur goulu l'aura sans doute
happé au passage. Nous ne voulons pas que vous
en souffriez. Permettez-nous donc une digression
pour vous montrer l'œuvre dont un égoïste vous
a privés. C'était dans l'église de Notre-Dame. Une
religieuse les mains jointes, les yeux au ciel
qu'elle cherche, prie de toutes ses forces morales.
Beaucoup de talent concentré sur un seul personnage, sur une seule tête même, produit un effet
superbe, auquel tout a été sacrifié, même un fond de
vitraux anciens, qui se tient discrètement à l'écart.
L'aspect de cette femme de Dieu suscite en
nous un trouble extraordinaire. Il semble que sa
foi se répande au dehors et gagne ce qui l'entoure.
La pensée divine, qui l'enveloppe tout entière,
nous devient intelligible, et, par intuition, nous
voyons son âme échappant à la vie terrestre. La
religieuse est pour l'homme positif une folle, pour
le penseur un problème, pour le chrétien une
sainte. C'est plus encore pour M. Renard. Il nous
la montre ascète, mystique, mais « femme » aussi.
Ses lèvres souriantes, son grand œil noir inspiré, gardent la trace des ressouvenirs que doit

avoir l'âme des épouses et des mères, parties pour d'autres régions. Étude remarquable comme savoir et élévation de sentiments. Où M. Renard a-t-il pu trouver un modèle pour ce merveilleux tableau?

Walter Scott a écrit : « A ma prière daigne, « ô Vierge secourable, prêter une oreille atten- « drie. Vierge, c'est une vierge qui te prie! » M. H. Lucas, qui sait parler au cœur, fait dire ces paroles par une jeune fille agenouillée dans la tribune d'une église : *Ave Maria!*

Mater Dolorosa, son enfant dans les bras, traverse un gué, passant sur un fond clair comme une étoile filante dans un ciel du matin. Toile jeune et fraîche. M. Bourgonnier fait du bien aux yeux.

Mlle Achille-Fould, qui obtenait l'an dernier un vrai succès avec sa *Peau d'âne* en robe couleur de soleil, fait beaucoup parler cette année de sa *Madeleine.* Influencée par les drames sacrés d'Armand Silvestre, l'artiste vient de tourner le dos courageusement à tous les chemins battus et rebattus. Ce n'est pas la Madeleine convenue, demi-vêtue, échevelée, pleurant dans le désert sur

une tête de mort. C'est Madeleine encore péche-
resse, dans tout l'éclat fier et décevant du vice,
la belle et blonde courtisane parée de riches
étoffes, couverte de bijoux, couronnée de roses,
resplendissante de séduction. Elle va de l'orgie à
ce Christ qu'elle veut séduire, l'attend au passage
et, le baiser sur les lèvres, lui tend hardiment sa
coupe d'ivresse. Maîtresse des hommes, par sa
beauté elle défie l'homme. Mais Jésus est un Dieu.
Il va, prêchant le repentir. Il passe, jetant sur
elle la lumière divine qui de la courtisane fait
une sainte. Il la prend tout entière dans son
rayonnement d'amour. Stupéfaite, terrifiée subitement par l'horreur de son passé, elle arrache de
son front sa couronne, jette sa coupe et cherche
avec avidité, pour le suivre jusqu'à la mort, la
trace lumineuse de celui qui sera désormais pour
elle le ciel et la terre. Belle couleur, dessin pur,
lumière limpide, exécution énergique et douce à la
fois, arrangement de costumes très exacts pour les
fouilleurs de textes, donnent à cette toile un attrait
singulier qui la signale à l'attrait des connaisseurs. Une grande pureté ajoute un charme tout
particulier à l'œuvre de Mlle Achille Fould et grave
dans l'esprit le beau vers qui l'inspira :

> La fange du ruisseau garde un reflet du ciel.

Avec M. Laubadère, nous sommes en plein
drame. Dans *l'Arène*, les martyrs effrayés à l'as-

pect des fauves qui viennent les dévorer sous les
regards curieux d'une foule joyeuse, avide d'émotion et plus cruelle que les tigres, se haussent
vainement jusqu'au piédestal d'une statue pour
prolonger de quelques instants leur existence.
Ils se désespèrent, deviennent fous, et nous remuent jusqu'aux entrailles. Très beau. Mais
qu'ils sont cruels, eux aussi, les peintres qui em-
ploient leur talent à nous infliger le supplice
d'assister à de pareils spectacles !

PORTRAIT

Nous devons à M. HÉBERT un délicieux *Portrait:*
cheveux noirs, épaules superbes, épingle à tête
de sphinx sur le sein, ombres douces et verdâtres,
peinture subtile, d'une poésie toute pénétrante.

L'on prétendait, jusqu'à présent, que chez
M. BOUGUEREAU le peintre d'histoire l'emportait
sur le portraitiste. *Mme la comtesse de C...,* très
jolie, gracieuse et grande dame, dans une robe
de satin blanc au corsage parfumé de gais œillets,
sort triomphante des pinceaux du maître pour donner à cette assertion un éclatant démenti.

L'immense talent que le grand maître répand
sur ses œuvres ajoute à la beauté de ses modèles
le charme intense de la survivance, quelque
chose de surhumain qui imprime le respect.

Frappant, richissime de tons éclatants, le
Carolus Duran de M. HENNER. Visage régulier,

caractère énergique, attrayant, M. Carolus était
bien fait pour inspirer le grand maître qui aime à
doter la postérité de ses peintres amis, transformés
en chefs-d'œuvre : double générosité d'un génie
qui habite des sphères où l'envie ne peut atteindre.

Nous formons des vœux ardents pour que beaucoup d'artistes suivent l'exemple de M. Henner.
Quelle magnifique collection d'hommes intelligents
y gagneraient nos musées !

Que font ces élégantes visiteuses autour d'un
portrait d'homme? Elles le lorgnent, l'admirent,
lui sourient..... C'est *M. Ricard, garde des sceaux*,
filleul de la belle F..., qui, tout jeune, fut bien
dangereux, et que M. Bonnat aide à l'être encore
et beaucoup trop pour ses voisins. Le ministre
est étonnant de ressemblance, superbe d'exécution.
Très coquet dans un ample vêtement aux revers
de fourrure, la tête belle encadrée de favoris gris
encore remplis de parfums... subtils, il a la peau
fraîche et tendre, colorée sans excès, mais ardente.
Le front est d'un homme supérieur ; mais le regard
aux clartés spirituelles, plein d'arrière-pensées
plus ou moins sérieuses, ne dissimule pas les avan-
ces du sourire, les souvenirs précieux. C'est tout
une histoire que nous raconte cette peinture. « Ecce
homo », l'homme est vivant.

La sympathique et douce image de *M*ʳˢ. *J. E. C.*

Bodley, habillée de rose, coiffée d'un grand chapeau noir, est une belle apparition sur un fond
chaud de ton. M. Bonnat, peignant de jolies femmes,
a des grâces de modelé, des souplesses de pinceaux,
des séductions inattendues, qui rendent adorables les femmes que la nature avait faites belles
seulement.

Le talent vigoureux et quelque peu terrible du
maître a fait reculer ses concurrents avec perte
et fracas. Puis, il s'est apaisé noblement après la
bataille. Bien assis maintenant, il s'harmonise
dans les vigueurs enveloppées, les tons gradués
du beau immuable qui brave le temps, grand
oublieux.

Les portraits de jeunes filles par M. LEFEBVRE
sont plutôt des apparitions que des peintures. C'est
aperçu, deviné, vu, tout aussitôt montré, allant du
regard du peintre au regard de tous, sans hésita-
tion aucune. C'est la pensée qui vit dans une enveloppe de grâce, de beauté virginale, majestueuse
dans son ingénuité, femme qui s'ignore par ce
qu'elle est encore ange. Voyez le portrait de
Mlle C..., et vous en saurez plus long là-dessus que
tout ce que notre piètre éloquence essaierait en
vain de vous expliquer. Vêtue de blanc, assise
bien à l'aise sur un fauteuil blanc, et tournant vers
nous sa jolie tête qu'elle porte haut, d'une délicatesse de touche extraordinaire, avec des suavités

de modelé, des transparences d'âme dont ce maître possède le secret, elle a quelque chose d'indéfinissable au fond de ses yeux couleur de mer.
En avril, la fleur d'amandier à ces airs-là.

Le comble de l'art, c'est le portrait de Mme la
vicomtesse de M.., par M. Paul Dubois, directeur
de l'École des Beaux–Arts. Rien de plus complet,
de mieux étudié. C'est parfait. Quand un statuaire
comme lui se mêle de peindre, il n'y va pas de
main morte.

Il faut remarquer et apprécier hautement le soin
que prend M. Benjamin-Constant de varier l'aspect
de ses productions sans en abandonner la personnalité, ce qui lui permet de maintenir toujours en
éveil l'admiration du public. Le portrait de
Mme W..., femme de l'heureux propriétaire du
« Times », belle Anglaise blonde, parée d'épaules et
de bras d'une blancheur révolutionnante, est une
nouvelle révélation. L'essence anglaise du modèle
se répand sur toute la composition avec un faire
riche, très britannique aussi. Mme W..., est vue sur
un vaste fond de cuir vénitien, vêtue d'une robe
de velours rouge ménagé, soutenue par de moël-
leux coussins orientaux aux couleurs harmonieuses.
Pour tout ornement, un heureux point de Venise,
doucement satiné, flotte à son aise sur sa poitrine.

Eblouissante, majestueuse, elle esquisse un sourire et fixe sur nous un regard profond où l'on
se perd.

Cette maîtresse œuvre a pour pendant le fils
de M. Benjamin-Constant : *André*, un beau garçon à l'œil rêveur et malin. Son père le peignit
avec amour. Il mit à ce magnifique portrait tout
son talent, tout son cœur, pour la joie de la plus
aimable et la plus adorable des mères. Prétendre
qu'une peinture moderne a l'air d'un tableau
ancien c'est en faire le plus grand éloge, comme
si nous n'avions pas, nous aussi, des œuvres sur
lesquelles la postérité se pâmera. Mais soit ! Disons
donc, avec tout le monde, que le portrait de M.
André Constant, peint par son père, a l'air d'un
tableau ancien, et ajoutons : « d'un tableau de
grand maître ». Depuis que le jeune membre de
l'Institut va et vient de Paris à New-York, les
ailes de son talent ont pris une telle envergure
qu'on a le vertige en le suivant. On ne sait plus où
il s'arrêtera.

M. Aimé MOROT a une telle perfection de rendu,
grâce à des recherches personnelles, que ses portraits, celui de *M. Boucheron* par exemple, donnent absolument l'illusion de l'exacte vérité. Dans
tous les traits du visage et leurs moindres replis,
on lit le caractère du modèle, la circulation du

sang se comprend, le secret de la vie y est vraiment saisi.

M. Cormon, absorbé par son grand travail pour le Muséum, ne nous donne que le magnifique portrait de *M. M...*, où se trouvent le faire énergique du maître, l'expression de physionomie caractéristique du modèle. Vie, santé, intelligence, l'artiste a su tout rendre avec une souplesse de pinceaux, une solidité de modelé qui font l'illusion complète.

M. Cormon est en train de parfaire ses *Moissonneurs de l'âge de fer*. Dans ce temps-là, on récompensait les durs travaux des champs en donnant aux ouvriers des pains cuits sur des cailloux. Cette nourriture primitive était salutaire à la beauté, si nous en jugeons par les formes superbes dont M. Cormon a paré ses personnages.

M. Humbert, au talent souple et touffu, nous arrête net avec deux portraits :

Mme P. S..., fraîche, souriante, attractive, en toilette un jour d'hiver, est coiffée d'une toque de fourrure, et porte une pélerine de zibeline ouverte au cou par de la guipure duchesse. La figure, d'une beauté claire, surgit de ce nid de dentelle. Les mains sont cachées dans un manchon.

Mme Héglon, de l'Opéra, grande dame sous sa sortie de bal grise, ornée de renard bleu, portant haut sa jolie tête, coiffée d'une légère aigrette, est en pied, costume de soirée, robe de satin blanc, superbes broderies au corsage. Douce, songeuse, fière, elle est aussi séduisante que possible dans son air ambiant, d'artiste, fait de supériorité, d'attraction.

M. Gabriel FERRIER étale à plaisir des élégances de composition, un raffinement de tact, des richesses d'étoffe, des imprévus de fleurs qui sont l'apanage inhérent à son talent.

Mme R. de T.., en *Viviane* est un véritable enchantement. La dame, avec sa magnifique chevelure, ses yeux songeurs, son doux visage aux teintes ambrées, semble plutôt surprise que peinte. Éblouissante de bras, d'épaules, de beauté, elle est vêtue d'un pan de brocart vert, tient des roses et regarde avec des étoiles. Ce n'est pas une femme, mais une déesse de beauté. M. Gabriel Ferrier croit, avec nous, que la mode, toujours ridicule dès qu'elle est passée, n'a pas de prise sur un portrait en costume, et que l'art n'y perd rien. Il semble que les beautés du modèle eussent été moins étincelantes sous une robe vulgaire que dans cet ensemble original et luxueux, gracieusement disposé.

Le portrait buste que M. COMERRE a fait de
*M*ᴵˡᵉ *F. L*..., en costume de dîner, montre un joli
visage souriant, des yeux accapareurs qui empê-
cheraient de voir tranquillement l'exposition si
l'on n'y prenait garde. C'est de la joie très jeune :
teint de camélia, poudré de grains de beauté, une
fleur vivante. M. Comerre a des enchantements
de couleur et de poésie absolument irrésistibles.

*M*ᴵˡᵉ *M. P*.., qu'il a peinte aussi est une demoiselle
du Nouveau monde au charme étrange, quelque
chose d'indépendant qui étonne et déconcerte. Elle
s'élance d'un fond blanc, sa robe blanche légère
laissant deviner les formes d'un corps jeune. Le
sourire de sa bouche fraîche éclaire tout ce qui
l'entoure comme une espérance d'amour. On dirait
un matin de printemps où ses beaux yeux ont
l'air d'étoiles attardées.

M. G. de Monnecove, auteur d'un livre très intéressant sur la race chevaline, est représenté assis,
écrivant à son bureau. Le visage intelligent, l'œil
vif du modèle ne laissent aucun doute sur la supériorité de l'auteur. Ce portrait, qui doit figurer au
musée de Boulogne, atteste la science du dessin,
la juste vision de la couleur que M. BARRIAS a su
acquérir pendant sa carrière de peintre professeur.

Du même artiste, le beau profil de *Mlle Marguerite Jullien* aux grands yeux, se dessine en blancheurs éclatantes sur un fond de ciel bleu, allumé du reflet de ses opulentes boucles de blonde rousse.

De M. Machard, nous voyons avec bonheur la séduisante Parisienne *Mme A. B..*, belles mains, robe de velours montante, chaîne semée de perles, chapeau ailé perdu dans une moisson d'or.

Mme de L..., du même artiste, se montre éblouissante de beauté, de grâce. Sa riche toilette du soir, toute soie, gaze, dentelles, perles, diamants, est interprétée à miracle comme ses belles mains.

Mgr Turinaz fait au peuple une allocution pour l'anniversaire de la bataille de Gravelotte. Le prélat, couvert de ses riches habits sacerdotaux, étend le bras vers la foule. Près de lui, l'Alsace et la Lorraine, représentées par deux jeunes filles, l'écoutent. Noble et belle peinture de M. Monchablon.

On a très remarqué, il y a quelque temps, un portrait au pastel par M. Cain, n'ayant pour fond que le papier nu. C'était trouvé. M. Chartran

a peint sur la toile nue, — c'est du moins
l'effet produit, — Mme *Sarah Bernhardt* au 4e acte
de « Gismonda ». La grande artiste s'échappe,
belle, ressemblante, des pinceaux du peintre dont,
par sa grâce irrésistible, elle double la célébrité.
Il la montre très jeune et très jolie, ce qui fait
aboyer les roquets des deux sexes. Mais quoi ! Si
les années passent sans la voir et ne la touchent
pas, si elle est toujours jeune et jolie, on ne peut
pourtant point la représenter laide et vieille
pour le plaisir de ses envieux !

C'est, en grand portrait, ce qu'on a fait de plus
ressemblant d'après Mme Sarah-Bernhardt.

Pour un observateur, chaque portraitiste a son
genre et se reconnaît à première vue. M. Baschet
a l'élégance parfaite, la grande sincérité, le savoir
réel, la pointe d'originalité qui se retrouvent dans
le portrait de *M. Brisson, Président de la Chambre.*
Toile étudiée, caressée jusqu'à réussite complète,
ressemblance parfaite, sentiment précis du modèle
comme caractère : c'est bien l'homme politique,
sérieux et réfléchi.

Le même peintre nous montre un homme jeune,
assis de profil, et nous regardant de ses yeux noirs,
vifs, intelligents. Il semble fouiller profondément dans notre âme. Son caractère est doux et
fin, si l'on en juge par les lignes de son visage,

très harmonieux. L'extérieur est empreint de distinction. Derrière le front, bien éclairé, la pensée
se devine. C'est *M. Lavedan*, à qui son peintre
a donné les touches multiples qui pouvaient
exprimer une nature complexe. C'est le penseur
compris par l'artiste.

Tout est bien trouvé dans le portrait de *M*^{me} *F*..,
par M. WENCKER. Les modelés sont largement
faits, serrés de dessin, l'ensemble est gracieux. La
dame, aussi élégante que jolie, semble parler.
Elle a de l'esprit, elle est aimable, bonne, ravissante !

M. SCHOMMER envoie les portraits de *M*^{lles} *H. H*..,
un tour de force. Sept sœurs, groupées sur la même
toile en costumes élégants de garden-party, fond
de jardin, tonalité claire, grandeur nature, sept
jeunes filles, à côté les unes des autres, forment
un ensemble excellent, sans monotonie.

Du même artiste, petit portrait de *M. J-B. F*..,
chez lui. Inutile d'ajouter que c'est très bien
peint.

M. SAINTPIERRE est, on le sait, l'héritier du
talent de Cabanel et ne s'en défend pas, du reste.

Ce caractère particulier nous est d'autant plus précieux que notre regretté maître n'est plus. La science artistique, la finesse douce et enveloppante, la justesse de tons si agréables chez le « grand patron » se perdraient sans les pinceaux de M. Saintpierre. Cependant une certaine fraîcheur vive, un relief viennent encore s'y ajouter. *Mlle L. A..*, jeune personne assise sur un siège de jardin, des fleurs sur ses genoux, son écharpe beige inclinée, laissant voir une robe bleu tendre, est l'image ravissante d'une non moins ravissante personne, coiffée de beaux cheveux franchement roux qui la rendent jolie à plaisir. Elle vous regarde avec ses beaux yeux, si attrayants qu'on voudrait bien savoir qui est cette jeune fille et comment on la nomme.

Le portrait du *docteur M. Laffont*, par M. PILLE, très ferme, de dessin puissant, de couleurs accentuées est d'un tempérament à tout casser.

DE M. GLAIZE : *le Dr H...*, s'accuse par des couleurs franches, une pose et un dessin strictement naturels. La lumière tombe sur le front du penseur, dont l'œil s'éclaire de lueurs intérieures. Le visage est grassement modelé, les mains sont souples. Le fond, très savant, s'anime par un reflet chaud sur une porte en vieux bois sculpté, puis s'éteint sur

un cuir bleu-gris à dessin vague. Facture vigoureuse, point de dureté : l'effet se produit sans
fatigue de recherche, c'est réussi.

Comme tous les artistes creuseurs, chaque
année M. V. GILBERT nous donne des peintures
où se révèlent de nouvelles qualités, des acquisi-
tions imprévues. C'est un inquiet, un mélancolique. Ses seules joies viennent de ses succès. Mais
les résultats obtenus, quelqu'heureux qu'ils soient,
ne parviennent pas à le satisfaire. Il n'est jamais
content de lui. C'est le secret de l'ascension con-
stante en art. Il nous donne le portrait de *M*me *B*...,
sur un fond gris rose, bien moulée dans sa robe
maïs deux tons, aux gazes paille, fleurie d'iris et
de muguet, ayant comme bijoux un scarabée sur
l'épaule et une étoile dans les cheveux. Elle est
non seulement belle, mais encore possède tous
les charmes difficiles à réunir chez une femme. Ses
bras et sa poitrine sont modelés par un Phidias
de la palette.

Il n'y a qu'une voix pour proclamer que *le
général de Boisdeffre*, par M. V. Gilbert, est tout
simplement superbe. Sans compter l'exécution
forte et savante de cette œuvre, étudiée avec le
plus grand tact, la composition est une heureuse
trouvaille. Le général, dont l'âme virile est dans
le regard énergique mais doux, la dignité dans

l'extrême simplicité d'attitude, ne se présente pas
sous l'aspect du faste militaire. Avec son vêtement
à brandebourgs noirs, son képi crânement posé sur
sa tête, ses gants à la main, il est chez lui, bien
« lui », quoique en dehors de toute vulgarité.
Son visage est agréable, sa moustache soyeuse.
Il est bon, on le devine; mais il est brave, on le
voit. Ce n'est pas une toile, c'est un miroir.

M. H. MARTIN s'est imposé les compositions
simples et rigides des primitifs, avec des moyens
d'exécution à lui, inconnus jusqu'à son avène-
ment. Il n'est pas le seul que la Presse blasée,
altérée de nouveau, ait poussé dans la peinture
excentrique, où l'Administration les retient par le
charme des commandes. Il faut dégager M. H.
Martin de ces conditions spéciales pour le trouver.
Il est dans l'expression austère et méditative du
statuaire qui figure sur son panneau destiné à
l'Hôtel de Ville. Il est aussi dans le regard froid
de cette belle brune, dont il expose le *Portrait*,
rêveuse, un peu menaçante comme arrière-pensée
malgré son demi-sourire, cette femme qui, née
sous un lis, s'en va portant avec elle un chardon
mystérieux. Il est jusque dans les plis mouvants
de la jupe, sombre et changeante, costume de pure
actualité 1896, que pas une femme peintre n'eût
rendu si exactement. Car, explique qui pourra
cette anomalie, aucune femme n'entend en peinture

le costume élégant du jour. Est-ce pour s'efforcer
d'être homme? Peut-être. Mais en cela même
elles se trompent. Nos plus grands portraitistes
habillent leurs modèles et chiffonnent comme les
premiers couturiers de Paris.

Jusque dans l'exactitude de vue féminine, M. H.
Martin manifeste sa finesse. Ces traces de lui indiquent ce qu'il pourrait être, ce qu'il serait le
jour où, dépouillant courageusement son enveloppe
bizarre, il se ferait le peintre exact de la nature
telle qu'elle est, et se montrerait dans toute sa
puissance encore latente.

Les journaux exaspérés qui le blessent ou ceux
qui le flattent; les camarades aveuglés par l'amitié,
ne lui diront jamais cela. Voilà pourquoi nous
voulons le lui dire, car il est de ceux à qui l'on
doit la vérité toute nue, et qui sont assez forts
pour l'entendre.

On est heureux de voir quel tribu d'admiration
le public paie à son grand *Pasteur* en applau-
dissant le beau portrait que M. E. FOURNIER a
fait du génial savant.

Très bien, l'amateur de dessin se donnant des
airs de vieille peinture! Les détails sont interpré-
tés avec tact et mesure. M. MAXENCE, par l'exemple qu'il donne : le respect de la vérité et l'exac-

titude du rendu, fait beaucoup de bien aux artistes et à l'art. Notre pauvre art français sur lequel s'acharnent les horreurs de l' « art nouveau », fils monstrueux du barbouillage et du lâché, sera la honte de notre époque.

M. Lynch nous a étonné et ravi. Jusqu'ici, nous avions été taquiné par la rigidité de ses femmes auxquelles il donne soudain la souplesse et la vie. Nous l'applaudissons. Le portrait de *M*ᵐᵉ *la comtesse D...* est charmant. Comme le modèle, du reste !

Dans sa toile de « l'Arétin » où la scène du drame est si bien représentée, M. Albert Laurens semble avoir trouvé la voie qui doit s'ouvrir très large devant lui. Jamais, dans ses autres œuvres, il n'a côtoyé de plus près la perfection. C'est franc d'allure et *M. Mounet-Sully* est frappant de vérité.

M. Lemeunier a fait de *M. Edouard Detaille* un portrait qui, par sa ressemblance, ravit les amis du grand peintre. Le maître est représenté en sous-lieutenant de réserve au 20ᵉ bataillon de chasseurs à pied (1880), avec cette dignité mâle et sans apprêt qui lui est propre. Au loin, ses soldats font halte sous bois. Lui, encore tout pou-

dreux de la marche, fume tranquillement sa cigarette.

Mme *A. V..*, bien assise par M. Alexis VOLLON,
est tout à fait naturelle dans sa robe bleu rosé.
Son sourire est aimable sous de beaux yeux, et
prédit à l'artiste une belle carrière de portraitiste.

M. Gustave Mesureur peint par M. CHALON,
est très remarqué. Le faire en est sobre, dans une
tonalité sérieuse et sombre.

M. Henri de Rochefort, dont malheureusement
on ne peut pas peindre l'esprit, est pourtant bien
représenté, écrivant à son bureau. Signé : CHARLET.

M. Étienne Leroux, notre sympathique statuaire,
parfaitement reproduit dans son atelier, fait le
buste d'une aimable personne. Signature : E. LE-
ROUX. Titre : *Chez le sculpteur*. La dame aura
deux portraits : l'un du père, l'autre du fils.

S'il est des chercheurs de nouveau, qui, sans
cesse, se démènent pour trouver « autre chose », il

est de patients artistes, conservateurs de la vérité,
qui sauvegardent notre art. Mlle SALANSON est de
ceux-là. Voyez plutôt son portrait : *M. P...*

Mme Presseq peinte par son mari, M. PRESSEQ,
est très coquette, bien comprise, et nous fait voir
que ce paysagiste réussirait dans tous les genres.
Il faut dire que la jeune femme avait tout pour
inspirer un joli portrait.

* * *

Le Salon de 1896 offre un ensemble d'œuvres
superbes. Les sujets s'y tiennent dans les régions
élevées. La religion, la philosophie, les sentiments humains, l'exaltation du beau, ont inspiré à nos artistes les plus belles toiles qu'ils
aient peintes depuis longtemps.

Rien n'égale notre école française moderne. Il
ne nous est donné d'en juger qu'une fois l'an, pendant quelques semaines. Et la foule, heureuse, se
presse dans le Palais, certaine d'en rapporter ces
émotions de calme, de poésie, de foi, qui peuvent
distraire un temps l'âme du corps, en lui montrant ses rêves réalisés : fortune, beauté, gloire,
amour. La prétendue réalité n'est qu'une illusion :

« l'idéal seul est vrai ». Nous donner cette conviction qui nous aide à vivre avec plus de courage, voilà le rôle de l'art dans la vie, rôle qu'il remplit noblement aujourd'hui.

Mais aussi quel succès! Jamais on ne vit tant de monde accourir à l'Exposition des Beaux-Arts, jamais on ne vit aussi belles recettes.

LISTE

DES PEINTRES CITÉS [1]

---

1. Les lettres H. C. indiquent les artistes *hors concours*; MÉD. D'HONN.,
Médaille d'honneur; MÉD. 1re CL., *Médaille de première classe*; MÉD. 2^e
CL., *Médaille de deuxième classe*; MÉD. 3e CL., *Médaille de troisième
classe*; MÉD., *Médaille unique* créée par l'article 26 du règlement du
14 août 1863, et remplacée, depuis 1870, par des médailles de différentes
classes; M. H. *Mention honorable*; G. C. ✳, *Grand-croix de la Légion
d'honneur*; G. O. ✳, *Grand-officier de la Légion d'honneur*; C. ✳, *Com-
mandeur de la Légion d'honneur*; O. ✳, *Officier de la Légion d'honneur*;
✳, *Chevalier de la Légion d'honneur*.

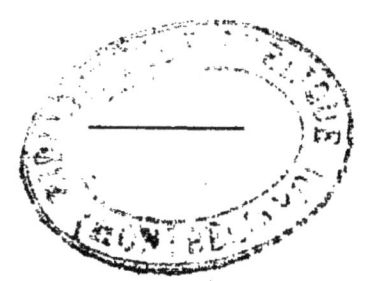

TABLE DES MATIÈRES

Imp. PAUL DUPONT, 4, rue du Bouloi. — Paris, 1er Arr. 359.5.1902 (Cl.)